本テキストの音声について

　本テキストの音声は，白帝社ホームページ内の本テキストのページから，ダウンロードしたり，ストリーミングで聞くことができます。

　吹込み：凌慶成，容文育

　　　　　http://www.hakuteisha.co.jp/news/n31481.html

※各機器と再生ソフトに関する技術的なご質問は，各メーカーにお願いいたします。
※本テキストと音声は著作権法で保護されています。

大学生のための
中級中国語 20回

杉野元子・黄漢青 著

白帝社

はじめに

　本テキストは，中国語の初級を学び終えた人が，さらにステップアップするための中級テキストです。全体は20課からなり，週1回の授業で1課ずつ進み，1年間で学び終えることを想定しています。

　各課の構成は，次のとおりです。
【文法】
　各課の項目は3－4つです。中級で新しく学ぶ文法だけでなく，初級で学んだものも含まれています。初級文法を復習して基礎をしっかりと固めるとともに，よりレベルアップした新しい文法知識も少しずつ増やしていき，初級から中級の文法を無理なく身につけることを目指します。例文は，使用頻度の高い表現や語彙を用いるようにしました。文法説明は，難しい用語を避けて，単純明快になるように心がけました。
【本文】
　本文では，各課の文法項目が盛り込まれた会話文や文章を学びます。内容は，二人の中国人大学生が入学直後に知り合い，4年間，苦楽をともにし，卒業後それぞれの道に進むまでの歩みが描かれています。第10課と第15課は日記，第20課はSNSに書かれた文章体となっています。第15課では中国人の手書き文字を見せています。第20課は難しい漢字以外のピンインを省くことにより，ピンインに頼らずに音読する練習を行います。この3つの課以外は会話体になっています。会話体は分量が比較的少ないので，ぜひ暗記にも挑戦してみてください。
【ドリル】
　ドリルには，リスニング，文法，作文などの総合的な力をつけるためのさまざまな練習問題が用意されています。

　本テキストは，会話や文法に重点を置きながら総合的な語学力を高めるとともに，同じ年代の中国の大学生の生活を知り，中国の文化や社会についての理解を深めることを目指しました。本テキストを学び終えたとき，皆さんが，中国や中国人をより身近に感じるようになり，中国をぜひ訪れてみたい，中国の大学生やいろいろな人々と中国語で話してみたい，という気持ちになっていただければ，何よりの幸いです。

　本テキストには，姉妹版として，初級テキスト『改訂版　大学生のための初級中国語24回』があります。この二冊のテキストの作成にあたっては，編集者の杉野美和さん，イラスト担当の張恢さん，表紙デザイン担当の宇佐美佳子さんから多大なるお力添えをいただきました。ご協力くださった皆さまに，心より感謝申し上げます。

2019年秋
著者

目　次

第1課	6

経験の"过"
動作量補語
接続詞"因为"

第2課	10

助動詞"会"
動詞の重ね型
使役文

第3課	14

近い未来
助動詞"应该"
"既～又…"

第4課	18

時間量補語
"一点儿"＋"也／都"＋否定形
"一～就…"

第5課	22

状態補語
前置詞"为了"
"地"

第6課	26

助動詞"可以"
"只要～，就…"
結果補語

第7課	30

進行の"在""正""正在"
"无论～还是…，都～"
疑問詞・数詞の不定用法

第8課	34

助動詞"要"
前置詞"离"
100以上の数
金額の言い方

第9課	38

持続の"着"
方向補語（1）単純方向補語
方向補語（2）複合方向補語
方向補語（3）方向補語の派生的用法

第10課	42

受け身文
"一边(儿)～，一边(儿)…"
"先～，然后…"
"由于～，所以…"

第11課	46

"是～的"構文
"越～越…"
"不仅～，而且…"

第12課	50

比較（1）
比較（2）
可能補語

第13課	54	第18課	74

"A是A，就是~"
"有点儿" と "一点儿"
処置文

第14課　58
"要么~，要么…"
助動詞 "得"
"不管~，都…"

第15課　62
副詞 "又"
副詞 "就" と "才"
"除了~以外"
"~什么的"

第16課　66
疑問詞＋"都／也"~
"要是／如果~（的话），（就）…"
離合動詞

第17課　70
副詞 "难怪"
存現文
自然現象

第18課　74
副詞 "刚"
副詞 "却"
副詞 "并"

第19課　78
疑問詞の呼応用法
反語の表現 "哪能~"
補語のまとめ

第20課　82
"对~来说"
"连~都／也…"
"之所以~，是因为…"
"既然~，就…"
"不是~，而是…"

ブックマップ　86

語句索引　88

中国地図

品詞略号一覧

名	名詞	代	代詞	数	数詞	量	量詞
形	形容詞	動	動詞	助動	助動詞	前	前置詞
副	副詞	接	接続詞	助	助詞	感	感嘆詞
成	成語	結補	結果補語	可補	可能補語		

第 1 课 Dì yī kè

文 法

1 経験の"过"

A-2
A 我看过他画的画儿。　　Wǒ kànguo tā huà de huàr.
B 我还没去过新加坡。　　Wǒ hái méi qùguo Xīnjiāpō.
C 你考虑过这个问题没有？　Nǐ kǎolǜguo zhèige wèntí méiyǒu?

動詞＋"过"　「～したことがある」

▶否定形は，"没(有)"を動詞の前に置く。
▶反復疑問文は，文末に"没有"をつける。

2 動作量補語

A-3
A 去年我得了两次感冒。　　Qùnián wǒ déle liǎng cì gǎnmào.
B 我每年春节回一趟老家。　Wǒ měinián Chūnjié huí yí tàng lǎojiā.
C 老师，请您再说一遍。　　Lǎoshī, qǐng nín zài shuō yí biàn.
D 你见过她几次？　　　　　Nǐ jiànguo tā jǐ cì?

動詞＋動作量補語（＋目的語）　「何回～する」

▶「動作量補語」は，動作の回数を表す。
▶動作量は「数詞＋量詞」で表される。量詞としては"次"(～回)，"趟"（〔往復〕～回），"遍"（〔通して〕～回）などがよく用いられる。
▶目的語はふつう，動作量補語の後に置く。ただし，目的語が人称代詞の場合は，補語の前に置く。
　　✗你见过几次她？

3 接続詞 "因为"

A 为什么你今天没精神？　　　　Wèi shénme nǐ jīntiān méi jīngshen?
　——因为昨天晚上熬夜了。　　Yīnwèi zuótiān wǎnshang áoyè le.

B 因为他今年二十二岁了，所以能结婚了。
　　Yīnwèi tā jīnnián èrshi'èr suì le, suǒyǐ néng jiéhūn le.

"因为~"　「なぜなら~だからである」
▶ "为什么~"（なぜ~）を用いた質問に，原因や理由を答えるときに用いる。

"因为~，所以…"　「~なので，（だから）…」
▶ "因为~，所以…" は因果関係を表す。
▶ 前の節で原因や理由を述べ，後の節で結果や結論を述べる。

新出語句

新加坡	Xīnjiāpō	名 シンガポール
考虑	kǎolǜ	動 考える。考慮する
感冒	gǎnmào	動 風邪を引く
精神	jīngshen	名 元気
熬夜	áoyè	動 徹夜する
经济	jīngjì	名 経済
专业	zhuānyè	名 専攻
法律	fǎlǜ	名 法律
选修	xuǎnxiū	動 選択履修する
从小	cóngxiǎo	副 小さいときから
一直	yìzhí	副 ずっと
动漫	dòngmàn	名 アニメと漫画。"动画"と"漫画"を合わせた言い方
不错	búcuò	形 よい
特别	tèbié	副 とりわけ
泡温泉	pào wēnquán	温泉につかる
~极了	jíle	（形容詞の後に置き）極めて~である

本文

1年生の9月。王勇（Wáng Yǒng）と李華（Lǐ Huá）の大学生活がスタート。王勇は日本語クラスで隣に座った李華に話しかけました。

A-6 ゆっくり
A-7 自然な速さ

王勇：我 叫 王 勇，是 学 经济 的。你 呢？
Wǒ jiào Wáng Yǒng, shì xué jīngjì de. Nǐ ne?

李华：我 姓 李，叫 李华。我 的 专业 是 法律。
Wǒ xìng Lǐ, jiào Lǐ Huá. Wǒ de zhuānyè shì fǎlǜ.

王勇：你 为 什么 选修 日语？
Nǐ wèi shénme xuǎnxiū Rìyǔ?

李华：因为 我 从小 一直 喜欢 看 日本 动漫。
Yīnwèi wǒ cóngxiǎo yìzhí xǐhuan kàn Rìběn dòngmàn.

王勇：你 去过 日本 吗？
Nǐ qùguo Rìběn ma?

李华：去过 两 次。
Qùguo liǎng cì.

王勇：日本 怎么样？
Rìběn zěnmeyàng?

李华：很 不错。我 特别 喜欢 泡 日本 的 温泉，舒服 极 了。
Hěn búcuò. Wǒ tèbié xǐhuan pào Rìběn de wēnquán, shūfu jíle.

ドリル

1 まず質問文を書き取り，次に本文の内容に基づき中国語で答えなさい。

① 質問：＿＿＿＿＿＿＿＿＿＿＿＿＿＿＿＿＿＿　答え：＿＿＿＿＿＿＿＿＿＿＿＿

② 質問：＿＿＿＿＿＿＿＿＿＿＿＿＿＿＿＿＿＿　答え：＿＿＿＿＿＿＿＿＿＿＿＿

③ 質問：＿＿＿＿＿＿＿＿＿＿＿＿＿＿＿＿＿＿　答え：＿＿＿＿＿＿＿＿＿＿＿＿

2 日本語の意味に合うように，（　）内の語句を並べ替えなさい。

① あなたは彼が歌った歌を聴いたことがありますか。
（没有　的　听　歌　你　他　唱　过）

＿＿＿＿＿＿＿＿＿＿＿＿＿＿＿＿＿＿＿＿＿＿＿＿＿＿＿＿＿＿＿＿＿＿＿＿＿＿

② あなたは北京ダックを何回食べたことがありますか。
（过　你　次　烤鸭　吃　几　北京）

＿＿＿＿＿＿＿＿＿＿＿＿＿＿＿＿＿＿＿＿＿＿＿＿＿＿＿＿＿＿＿＿＿＿＿＿＿＿

③ 私はとても疲れたので，家に帰って休みたいです。
（休息　极了　回　想　我　累　所以　家　因为）

＿＿＿＿＿＿＿＿＿＿＿＿＿＿＿＿＿＿＿＿＿＿＿＿＿＿＿＿＿＿＿＿＿＿＿＿＿＿

3 単語の意味を確認したあと，声調に注意しながら発音しなさい。

	第1声	第2声	第3声	第4声	軽　声
第1声	chōuyān 抽烟	shuāyá 刷牙	jīchǎng 机场	yīnyuè 音乐	dōngxi 东西
第2声	qiánbāo 钱包	lánqiú 篮球	cídiǎn 词典	yóupiào 邮票	péngyou 朋友
第3声	shǒujī 手机	lǚyóu 旅游	xǐliǎn 洗脸	kělè 可乐	yǐzi 椅子
第4声	qìchē 汽车	hòunián 后年	dìtiě 地铁	diànshì 电视	piàoliang 漂亮

1 助動詞 "会"

🔊 A-10　A　我会开汽车，但是不会骑自行车。
　　　　　　Wǒ huì kāi qìchē, dànshì bú huì qí zìxíngchē.
　　　　B　她很会照顾人。　　　　　　Tā hěn huì zhàogù rén.
　　　　C　他不会不知道的。　　　　　Tā bú huì bù zhīdào de.

　　　"会"＋動詞（句）

　▶"会"の用法
　　①「〜することができる」
　　　ある技能を習得していることを表す。
　　②「〜するのが上手である」
　　　前にはしばしば，"很""真"などが加えられる。
　　③「〜するであろう。〜するはずだ」
　　　可能性があることを表す。
　　　文末にはしばしば，判断の語気を強める"的"が加えられる。
　▶否定形は"不会"。

2 動詞の重ね型

🔊 A-11　A　我想用用你的词典，行吗？　　Wǒ xiǎng yòngyong nǐ de cídiǎn, xíng ma?
　　　　B　我们商量商量吧。　　　　　　Wǒmen shāngliang shāngliang ba.

　▶動詞を重ねて「ちょっと〜する」の意味を表す。
　▶一音節動詞は，間に"一"を入れてもよい。
　　　○用一用　　　✕商量一商量
　▶動詞の後に"一下"をつけても「ちょっと〜する」の意味になる。
　　我想用一下你的词典。
　　我们商量一下吧。

3 使役文

A-12
A 我妈妈叫我收拾房间。　　Wǒ māma jiào wǒ shōushi fángjiān.
B 你为什么不让他去？　　　Nǐ wèi shénme bú ràng tā qù?
C 让我介绍一下，他是我同事。　Ràng wǒ jièshào yíxià, tā shì wǒ tóngshì.

主語+"叫／让"+人+動詞　「～〔人〕に…させる」

▶"叫""让"は使役を表す動詞。ふつう，どちらを用いても意味上の違いはない。ただし，「～するよう言いつける」という命令のニュアンスをはっきりと表す場合は"叫"，「～するにまかせる」という許容のニュアンスをはっきりと表す場合は"让"が用いられる。
▶「私に～させてください」と願い出るときには，"让我～"の形を用いる。
▶否定形は，"不""没(有)"を"叫""让"の前に置く。

新出語句

A-13

照顾	zhàogù	動	面倒をみる
行	xíng	動	よろしい。オーケー
商量	shāngliang	動	相談する
收拾	shōushi	動	片づける
介绍	jièshào	動	紹介する
同事	tóngshì	名	同僚
小时候	xiǎoshíhou	名	小さいとき
梦想	mèngxiǎng	名	夢
当～	dāng	動	～になる
选手	xuǎnshǒu	名	選手

参加	cānjiā	動	参加する
厉害	lìhai	形	すごい。並みではない
简单	jiǎndān	形	簡単である
厨师	chúshī	名	料理人。コック
机会	jīhuì	名	機会
尝	cháng	動	味わう
手艺	shǒuyì	名	腕前
不过	búguò	接	しかし
湖南	Húnán	名	湖南省
辣	là	形	辛い

第2課　11

本文

1年生の9月。李華（Lǐ Huá）と王勇（Wáng Yǒng）は小さいころの夢について話し合っています。

王勇：你 小时候 的 梦想 是 什么？
　　　Nǐ xiǎoshíhou de mèngxiǎng shì shénme?

李华：当 游泳 选手。我 参加过 北京市 游泳 比赛。
　　　Dāng yóuyǒng xuǎnshǒu. Wǒ cānjiāguo Běijīngshì yóuyǒng bǐsài.

王勇：你 真 厉害。我 不 会 游泳。
　　　Nǐ zhēn lìhai. Wǒ bú huì yóuyǒng.

李华：很 简单，我 教 你 吧。
　　　Hěn jiǎndān, wǒ jiāo nǐ ba.

王勇：太 好 了。我 小时候 的 梦想 是 当 厨师。我 很 会 做菜。
　　　Tài hǎo le. Wǒ xiǎoshíhou de mèngxiǎng shì dāng chúshī. Wǒ hěn huì zuòcài.

李华：那 有 机会，让 我 尝尝 你 的 手艺 吧。
　　　Nà yǒu jīhuì, ràng wǒ chángchang nǐ de shǒuyì ba.

王勇：没 问题。不过 我 是 湖南人，做 的 菜 都 比较 辣。
　　　Méi wèntí. Búguò wǒ shì Húnánrén, zuò de cài dōu bǐjiào là.

ドリル

1 まず質問文を書き取り，次に本文の内容に基づき中国語で答えなさい。

① 質問：_____ 答え：_____

② 質問：_____ 答え：_____

③ 質問：_____ 答え：_____

2 日本語の意味に合うように，（ ）内の語句を並べ替えなさい。

① 焦ってはいけません。彼は来ないはずがありません。
（他 的 不 着急 来 不 别 会）

_____

② 私たちのためにピアノをちょっと弾いてください。
（你 钢琴 我们 吧 弹 给 弹）

_____

③ 私は疲れました。ちょっと休ませてください。
（让 累 一下 我 我 休息 请 了）

_____

3 下線部を問う疑問文を作りなさい。答えは中国語で書くこと。

① Wǒ hē <u>kāfēi</u>. _____

② Zhè shì <u>tā</u> de hùzhào. _____

③ Nǐ de yàoshi zài <u>zhuōzishang</u>. _____

④ Tāmen <u>míngtiān</u> qù Zhōngguó. _____

⑤ Wǒ dǎsuan <u>kāichē</u> qù. _____

第 3 课 Dì sān kè

文 法

1 近い未来

A-17
- A 音乐会要开始了。　　Yīnyuèhuì yào kāishǐ le.
- B 你看，她快哭了。　　Nǐ kàn, tā kuài kū le.
- C 飞机快要起飞了。　　Fēijī kuàiyào qǐfēi le.
- D 她下下个月就要毕业了。　Tā xiàxiàge yuè jiùyào bìyè le.

▶"要～了""快～了""快要～了""就要～了"は、「まもなく～する。もうすぐ～になる」という意味。近い未来に起こるということを表す。

▶時間を表す語句が前にある場合は、"快～了""快要～了"を用いることができない。ふつう"就要～了"を用いる。

　　✕她下下个月快要毕业了。

2 助動詞 "应该"

A-18
- A 他应该向她道歉。　　Tā yīnggāi xiàng tā dàoqiàn.
- B 你不应该迟到。　　　Nǐ bù yīnggāi chídào.

"应该"＋動詞（句）　「（道理からして当然）～すべきである」

▶"应该"は当然を表す。

▶否定形は"不应该"。「～すべきでない」

3 "既~又…"

A-19 A 她既会滑雪又会滑冰。　　　Tā jì huì huáxuě yòu huì huábīng.
　　　B 今天既不冷又不热，很舒服。　Jīntiān jì bù lěng yòu bú rè, hěn shūfu.

"既~又…" 「~でもあり…でもある」
▶二つの性質や状況が同時に存在していることを表す。

新出語句

A-20

哭　kū　動（声を出して）泣く
起飞　qǐfēi　動 離陸する
下下个月　xiàxiàge yuè　さ来月
毕业　bìyè　動 卒業する
向　xiàng　前 ~に対して。~に
道歉　dàoqiàn　動 謝る
迟到　chídào　動 遅刻する
滑冰　huábīng　動 スケートをする
放假　fàngjià　動 休みになる
青岛　Qīngdǎo　名 青島(チンタオ)
国庆节　Guóqìngjié　名 国慶節
期间　qījiān　名 期間
最好~　zuìhǎo　副 できるだけ~したほうがよい。~するのが最もよい

太~　tài　副 あまりにも~すぎる。ひどく~である
闹　nào　形 騒がしい
安静　ānjìng　形（物音がなくて）静かである
地方　dìfang　名 場所
这样　zhèyàng / zhèiyàng　代 このような。そのような。このように。そのように
哇　wa　助 ="啊"。肯定，注意，感嘆などの語気を表す
哪　na　助 ="啊"。肯定，注意，感嘆などの語気を表す
知识　zhīshi　名 知識
海洋　hǎiyáng　名 海洋。海原

本文

1年生の9月。国慶節の休みが近づいて来ました。王勇（Wáng Yǒng）は李華（Lǐ Huá）に予定について話します。

A-21　王勇：下个 星期 就要 放假 了，我 打算 去 青岛 看 海。
A-22　　　　Xiàge xīngqī jiùyào fàngjià le, wǒ dǎsuan qù Qīngdǎo kàn hǎi.

李华：国庆节 期间 你 最好 别 去 那儿。
　　　Guóqìngjié qījiān nǐ zuìhǎo bié qù nàr.

王勇：为 什么？
　　　Wèi shénme?

李华：去 的 人 太 多，太 闹！
　　　Qù de rén tài duō, tài nào!

王勇：那 我 应该 去 哪儿？
　　　Nà wǒ yīnggāi qù nǎr?

李华：你 应该 去 既 安静 又 有 "海" 的 地方。
　　　Nǐ yīnggāi qù jì ānjìng yòu yǒu "hǎi" de dìfang.

王勇：有 这样 的 地方 吗？
　　　Yǒu zhèiyàng de dìfang ma?

李华：有 哇，图书馆 哪！ 那里 有 知识 的 海洋……
　　　Yǒu wa, túshūguǎn na! Nàli yǒu zhīshi de hǎiyáng……

ドリル

1 まず質問文を書き取り，次に本文の内容に基づき中国語で答えなさい。

A-23

① 質問：＿＿＿＿＿＿＿＿＿＿＿＿＿＿＿　答え：＿＿＿＿＿＿＿＿＿＿＿＿＿＿＿

② 質問：＿＿＿＿＿＿＿＿＿＿＿＿＿＿＿　答え：＿＿＿＿＿＿＿＿＿＿＿＿＿＿＿

③ 質問：＿＿＿＿＿＿＿＿＿＿＿＿＿＿＿　答え：＿＿＿＿＿＿＿＿＿＿＿＿＿＿＿

2 日本語の意味に合うように，（ ）内の語句を並べ替えなさい。

① 彼らはまもなく飛行機に乗ってイギリスへ行きます。
（坐　要　英国　了　他们　去　飞机　就）

② あなたは彼に私の電話番号を教えるべきではありません。
（应该　我　告诉　的　你　不　他　号码　电话）

③ あなたたちの学校には安くてしかもおいしい食堂がありますか。
（便宜　又　既　没有　好吃　学校　有　食堂　你们　的　里）

3 ピンインを漢字に直し，（ ）内には，"没""不"のいずれかを入れなさい。

① Wǒ（　）yǒu xìnyòngkǎ.　＿＿＿＿＿＿＿＿＿＿＿＿＿＿

② Zuótiān（　）liángkuai.　＿＿＿＿＿＿＿＿＿＿＿＿＿＿

③ Wǒ（　）kànguo Xiānggǎng diànyǐng.　＿＿＿＿＿＿＿＿＿＿＿

④ Wǒ hái（　）xǐzǎo.　＿＿＿＿＿＿＿＿＿＿＿＿＿＿

⑤ Tāmen（　）zhīdào wǒ（　）shì Rìběnrén.　＿＿＿＿＿＿＿＿

⑥ Zuótiān tā（　）shuō jīntiān（　）lái.　＿＿＿＿＿＿＿＿

第4课 Dì sì kè

文法

1 時間量補語

A-24
- A 老吴每天打一个小时高尔夫球。　　Lǎo Wú měitiān dǎ yí ge xiǎoshí gāo'ěrfūqiú.
- B 小赵等了她一个半小时。　　　　　Xiǎo Zhào děngle tā yí ge bàn xiǎoshí.
- C 我学了一年多汉语了。　　　　　　Wǒ xuéle yì nián duō Hànyǔ le.

動詞＋時間量補語（＋目的語）　「どのくらいの時間～する」

▶「時間量補語」は、動作や状態の継続時間を表す。
▶目的語はふつう、時間量補語の後に置く。ただし、目的語が人称代詞の場合は、時間量補語の前に置く。
　　✕小赵等了一个半小时她。

動詞＋"了"＋時間量補語（＋目的語）　「どのくらいの時間～した」

▶動作がすでに完了している。

動詞＋"了"＋時間量補語（＋目的語）＋"了"　「どのくらいの時間～している」

▶動作が現在まで続いており、今後も引き続き行う可能性がある。

2 "一点儿"＋"也／都"＋否定形

A-25
- A 今天早上的地铁一点儿也不挤。　　Jīntiān zǎoshang de dìtiě yìdiǎnr yě bù jǐ.
- B 我觉得这个草莓一点儿都不甜。　　Wǒ juéde zhèige cǎoméi yìdiǎnr dōu bù tián.
- C 他的模样一点儿也没有变。　　　　Tā de múyàng yìdiǎnr yě méiyǒu biàn.

"一点儿"＋"也／都"＋否定形　「まったく～ない。少しも～ない」

▶わずかな量を取り立てて否定することで、ゼロであることを強調する。

3 "一～就…"

A-26 A 因为昨天很累，所以我一回家就睡觉了。
　　　　Yīnwèi zuótiān hěn lèi, suǒyǐ wǒ yì huí jiā jiù shuìjiào le.

　　　B 他一有空儿就去健身房锻炼身体。
　　　　Tā yì yǒu kòngr jiù qù jiànshēnfáng duànliàn shēntǐ.

"一"＋動詞＋"就"＋動詞　　「～するとすぐに…」

▶緊密な関係をもちつつ，あい前後して起こる動作や事態を表す。
▶"一"は，ここでは数詞ではなく副詞で，「ひとたび～すると」という意味。

新出語句

A-27
吴　Wú　名 呉（姓）
高尔夫球　gāo'ěrfūqiú　名 ゴルフ
赵　Zhào　名 趙（姓）
～多　duō　数 ～余り
挤　jǐ　形 混んでいる
觉得～　juéde　動 ～と思う。～と感じる。～のような気がする
草莓　cǎoméi　名 イチゴ
甜　tián　形 甘い
模样　múyàng　名 容貌
变　biàn　動 変わる
有空儿　yǒu kòngr　暇がある。時間がある
健身房　jiànshēnfáng　名 トレーニングジム

锻炼　duànliàn　動 鍛える
好久不见了　hǎojiǔ bú jiàn le　お久しぶりです
待　dāi　動 滞在する
天天　tiāntiān　名 毎日
亲戚　qīnqi　名 親戚
假期　jiàqī　名 休暇
啊　á　感 えっ。驚いたときに発する言葉
开学　kāixué　動 学校が始まる
小考　xiǎokǎo　名 小テスト
坏了　huài le　（事態が）まずいことになった。しまった
忘　wàng　動 忘れる

本 文

　　　　　　1年生の3月。李華（Lǐ Huá）と王勇（Wáng Yǒng）は冬休みのあと，再会しました。

A-28　李华：好久 不 见 了。春节 你 回 老家 了 吧？
A-29　　　　Hǎojiǔ bú jiàn le. Chūnjié nǐ huí lǎojiā le ba?

　　　王勇：回 了。
　　　　　　Huí le.

　　　李华：待了 多 长 时间？
　　　　　　Dāile duō cháng shíjiān?

　　　王勇：三 个 星期。天天 跟 亲戚 朋友 一起 吃 饭、一起 聊天儿……
　　　　　　Sān ge xīngqī. Tiāntiān gēn qīnqi péngyou yìqǐ chī fàn、yìqǐ liáotiānr……

　　　李华：假期里 你 复习 日语 了 吗？
　　　　　　Jiàqīli nǐ fùxí Rìyǔ le ma?

　　　王勇：我 一点儿 也 没 复习。
　　　　　　Wǒ yìdiǎnr yě méi fùxí.

　　　李华：啊?!　放假前 老师 说 一 开学 就 小考。
　　　　　　Á?!　Fàngjiàqián lǎoshī shuō yì kāixué jiù xiǎokǎo.

　　　王勇：坏 了，我 忘 了！
　　　　　　Huài le, wǒ wàng le!

ドリル

1 まず質問文を書き取り，次に本文の内容に基づき中国語で答えなさい。

A-30

① 質問： _____ 答え： _____

② 質問： _____ 答え： _____

③ 質問： _____ 答え： _____

2 日本語の意味に合うように，(　)内の語句を並べ替えなさい。

① 私は彼を一時間余り探しました。
（了　他　多　我　找　一　小时　个）

_____

② あなたはなぜ中国料理がまったく好きではないのですか。
（一点儿　喜欢　都　为什么　中国菜　不　吃　你）

_____

③ 私は飛行機を降りたら，すぐに彼に電話をかけるつもりです。
（他　我　下　电话　打　一　飞机　给　打算　就）

_____

3 実際の状況に基づき中国語で答えなさい。答えは省略のない文の形であること。

① Yí ge xīngqī yǒu duōshao tiān?　_____

② Yì nián yǒu duōshao ge yuè?　_____

③ Nǐ zuótiān xuéle jǐ ge xiǎoshí Hànyǔ?　_____

④ Cóng nǐ jiā dào xuéxiào yào duō cháng shíjiān?

_____

⑤ Cóng zhèr dào túshūguǎn yào jǐ fēnzhōng?

_____

第4课

第5课

文 法

1 状態補語

A-31
A 他跑得很快。　　　　　　Tā pǎo de hěn kuài.
B 她拉小提琴拉得怎么样？　Tā lā xiǎotíqín lā de zěnmeyàng?
C 虽然他没去过日本，但是日语说得很流利。
　　Suīrán tā méi qùguo Rìběn, dànshì Rìyǔ shuō de hěn liúlì.

　動詞＋"得"＋状態補語　「～するのが…だ」

▶「状態補語」は，動作がどのように行われるかを表す。
▶反復疑問文は，状態補語を「肯定形＋否定形」にする。
　　他跑得快不快？
▶"怎么样"を状態補語の位置に置くと，「どのように動作が行われるか」を尋ねる疑問文となる。
　　他跑得怎么样？
▶否定形は，"不"を状態補語の前に置く。
　　他跑得不快。

　（動詞＋）目的語＋同じ動詞＋"得"＋状態補語

▶目的語がある場合，動詞を繰り返す。前の動詞は省略できる。
　　她（拉）小提琴拉得怎么样？

2 前置詞 "为了"

A-32
A 为了大家的幸福，干杯！　Wèile dàjiā de xìngfú, gānbēi!
B 为了保护环境，我们不提供免费的塑料袋。
　　Wèile bǎohù huánjìng, wǒmen bù tígōng miǎnfèi de sùliàodài.

　"为了～，…"　「～するために，…。～のために，…」

▶"为了"は目的を導く。"为了"の後には，名詞や動詞句を置く。

3 "地"

A-33
A 他详细地说明了自己的计划。　　Tā xiángxì de shuōmíngle zìjǐ de jìhuà.
B 她非常伤心地说:"我的小狗死了。"
　　Tā fēicháng shāngxīn de shuō: "Wǒ de xiǎogǒu sǐ le."

連用修飾語＋"地"＋動詞

▶動詞，形容詞からなる述語を修飾するものを，「連用修飾語」という。
▶"地"は形容詞などの語句の後に用いて，その語句が連用修飾語として用いられていることを示す。

新出語句

A-34

拉小提琴	lā xiǎotíqín	バイオリンを弾く
虽然~，但是…	suīrán~, dànshì	～であるが，しかし…
流利	liúlì	形 流ちょうである
大家	dàjiā	名 皆さん。みんな
干杯	gānbēi	動 乾杯する
保护	bǎohù	動 保護する
环境	huánjìng	名 環境
免费	miǎnfèi	動 無料である。無料にする
塑料袋	sùliàodài	名 レジ袋。ビニール袋
详细	xiángxì	形 詳しい
自己	zìjǐ	代 自分
计划	jìhuà	名 計画
伤心	shāngxīn	形 悲しんでいる。心を痛めている
小狗	xiǎogǒu	名 子犬
考	kǎo	動 試験を受ける
一塌糊涂	yìtāhútú	成 めちゃくちゃで収拾がつかないさま
意料之中	yìliào zhī zhōng	予想の範囲内。予想どおり
几乎	jīhū	副 ほとんど
细水长流	xìshuǐchángliú	成 物事を少しずつであっても途切れることなくやり続けるさま
对	duì	形 正しい。そうだ
认真	rènzhēn	形 まじめである
需要	xūyào	動 必要とする
帮忙	bāngmáng	動 助ける。手伝う

本　文

1年生の3月。第二学期最初の日本語クラスで小テストが行われました。授業のあと，李華（Lǐ Huá）は王勇（Wáng Yǒng）に試験結果について尋ねます。

A-35　李华：你 考 得 怎么样？
A-36　　　　Nǐ kǎo de zěnmeyàng?

王勇：一塌糊涂。
　　　Yìtāhútú.

李华：意料 之 中。
　　　Yìliào zhī zhōng.

王勇：为了 准备 今天 的 小考，我 昨晚 几乎 没 睡觉。
　　　Wèile zhǔnbèi jīntiān de xiǎokǎo, wǒ zuówǎn jīhū méi shuìjiào.

李华：学 外语 应该 细水长流。
　　　Xué wàiyǔ yīnggāi xìshuǐchángliú.

王勇：你 说 得 很 对。我 打算 从 明天 开始 认真 地 学习 日语。
　　　Nǐ shuō de hěn duì. Wǒ dǎsuan cóng míngtiān kāishǐ rènzhēn de xuéxí Rìyǔ.

李华：需要 我 帮忙 吗？
　　　Xūyào wǒ bāngmáng ma?

王勇：当然 需要。
　　　Dāngrán xūyào.

ドリル

1 まず質問文を書き取り，次に本文の内容に基づき中国語で答えなさい。

A-37　① 質問：＿＿＿＿＿＿＿＿＿＿＿＿＿＿＿＿＿　答え：＿＿＿＿＿＿＿＿＿＿＿

② 質問：＿＿＿＿＿＿＿＿＿＿＿＿＿＿＿＿＿　答え：＿＿＿＿＿＿＿＿＿＿＿

③ 質問：＿＿＿＿＿＿＿＿＿＿＿＿＿＿＿＿＿　答え：＿＿＿＿＿＿＿＿＿＿＿

2 日本語の意味に合うように，（　）内の語句を並べ替えなさい。

① 彼は忙しいですが，楽しく働いています。
（但是　很　愉快　工作　他　得　忙　很　虽然）

② 健康のために，私は毎日一時間歩きます。
（小时　为了　走　我　每天　一　健康 jiànkāng　个）

③ 夢を実現するために，あなたは努力して勉強しなければなりません。
（努力 nǔlì　为了　地　梦想　学习　实现 shíxiàn　应该　你）

3 実際の状況に基づき中国語で答えなさい。答えは省略のない文の形であること。

① Nǐ pǎo de kuài ma?　＿＿＿＿＿＿＿＿＿＿＿＿＿＿＿

② Nǐ hē kāfēi hē de duō bu duō?　＿＿＿＿＿＿＿＿＿＿＿＿＿＿＿

③ Nǐ Yīngyǔ shuō de liúlì ma?　＿＿＿＿＿＿＿＿＿＿＿＿＿＿＿

④ Nǐ huà huàr huà de hǎo bu hǎo?　＿＿＿＿＿＿＿＿＿＿＿＿＿＿＿

⑤ Nǐ Hànyǔ xué de kuàilè ma?　＿＿＿＿＿＿＿＿＿＿＿＿＿＿＿

第6課

[文法]

1 助動詞 "可以"

A-38
A 这个座位我可以坐吗? Zhèige zuòwèi wǒ kěyǐ zuò ma?
—— 对不起,已经有人了。 Duìbuqǐ, yǐjīng yǒu rén le.
B 您可以出席今晚的宴会吗? Nín kěyǐ chūxí jīnwǎn de yànhuì ma?

"可以"＋動詞(句)

▶"可以"の用法
　①状況から許されて(許可)「〜してよい」。
　②条件が備わっていて「〜することができる」。
▶否定形は"不能"。

2 "只要〜,就…"

A-39
A 只要你不说,她就不会知道。 Zhǐyào nǐ bù shuō, tā jiù bú huì zhīdào.
B 只要有电梯,他就绝不爬楼梯。 Zhǐyào yǒu diàntī, tā jiù jué bù pá lóutī.

"只要〜,就…"　「〜でさえあれば,…。〜しさえすれば,…」

▶前の節で必要条件を述べ,後の節で必ず起こる結果を述べる。

3 結果補語

A-40
A 我已经喝醉了。 Wǒ yǐjīng hēzuì le.
B 请系好安全带。 Qǐng jìhǎo ānquándài.
C 这本杂志你看完了没有? Zhèi běn zázhì nǐ kànwánle méiyǒu?
—— 还没看完。 Hái méi kànwán.

動詞＋結果補語

▶「結果補語」は,動作の結果を表す。
▶結果補語になるのは動詞または形容詞。
▶否定形は,"没(有)"を「動詞＋結果補語」の前に置く。
▶反復疑問文は,文末に"没有"をつける。

結果補語になる動詞

A-41

完 wán（～し終える）　　　　　吃完 chīwán（食べ終える）
　　　　　　　　　　　　　　　用完 yòngwán（使い終える）

到 dào（～して到達する）　　　买到 mǎidào（買って手に入れる）
　　　　　　　　　　　　　　　找到 zhǎodào（探し当てる）

懂 dǒng（～してわかる）　　　　看懂 kàndǒng（見てわかる）
　　　　　　　　　　　　　　　听懂 tīngdǒng（聞いてわかる）

住 zhù（～してしっかり固定する）记住 jìzhù（しっかりと覚える）
　　　　　　　　　　　　　　　站住 zhànzhù（立ち止まる）

結果補語になる形容詞

好 hǎo（きちんと～し終える）　　做好 zuòhǎo（きちんと行う）
　　　　　　　　　　　　　　　学好 xuéhǎo（きちんと学ぶ）

错 cuò（～し間違える）　　　　 说错 shuōcuò（言い間違える）
　　　　　　　　　　　　　　　写错 xiěcuò（書き間違える）

清楚 qīngchu（～してはっきりさせる）问清楚 wènqīngchu（はっきり尋ねる）
　　　　　　　　　　　　　　　说清楚 shuōqīngchu（はっきり言う）

新出語句

A-42

座位　zuòwèi　图 席。座席
电梯　diàntī　图 エレベーター
绝＋否定形　jué　副 絶対に～ない。決して～ない
爬　pá　動 （階段を）上る。（山に）登る
楼梯　lóutī　图 階段
醉　zuì　動 酔っぱらう
系　jì　動 締める。結ぶ
安全带　ānquándài　图 シートベルト
杂志　zázhì　图 雑誌
站　zhàn　動 立つ

错　cuò　形 間違っている
清楚　qīngchu　形 はっきりしている
请～…　qǐng　動 ～に…してもらう
正好　zhènghǎo　副 折よく。ちょうど
没事儿　méishìr　動 用事がない
选　xuǎn　動 選ぶ
定　dìng　動 決める
餐厅　cāntīng　图 レストラン
都　dōu　副 もう。すでに
腻　nì　形 飽き飽きする

第6课　27

本　文

1年生の5月。李華（Lǐ Huá）と王勇（Wáng Yǒng）は友人の誕生日について話し合っています。

A-43
A-44

李华：五月三号是小张的生日，他想请咱们吃饭。
　　　Wǔ yuè sān hào shì Xiǎo Zhāng de shēngrì, tā xiǎng qǐng zánmen chī fàn.

王勇：五月三号是星期几？
　　　Wǔ yuè sān hào shì xīngqī jǐ?

李华：星期六。可以参加吗？
　　　Xīngqīliù. Kěyǐ cānjiā ma?

王勇：没问题，正好我没事儿。
　　　Méi wèntí, zhènghǎo wǒ méishìr.

李华：他叫咱们选地方。
　　　Tā jiào zánmen xuǎn dìfang.

王勇：你定吧，只要不是校内的餐厅就行。
　　　Nǐ dìng ba, zhǐyào bú shì xiàonèi de cāntīng jiù xíng.

李华：为什么？
　　　Wèi shénme?

王勇：校内的餐厅我都吃腻了。
　　　Xiàonèi de cāntīng wǒ dōu chīnì le.

ドリル

1 まず質問文を書き取り，次に本文の内容に基づき中国語で答えなさい。

A-45
① 質問：_____ 答え：_____
② 質問：_____ 答え：_____
③ 質問：_____ 答え：_____

2 日本語の意味に合うように，（ ）内の語句を並べ替えなさい。

① ここは飲み物を飲んでもよいですが，決してものを食べてはいけません。
（能　这儿　喝　东西　但是　绝　吃　饮料 yǐnliào　可以　不）
_____

② すぐにそこに行きさえすれば，あなたは買って手に入れることができます。
（那儿　你　到　去　就　只要　买　马上　能）
_____

③ 私はやや早口ですが，あなたはすべて聞いてわかりましたか。
（得　你　我　懂　比较　说　都　没有　听　了　快）
_____

3 ピンインを漢字に直し，（ ）内には，"一直""特别""最好""几乎""正好"のいずれかを入れなさい。

① Jīntiān cóng zǎoshang（　）gōngzuò.　_____

② Zhèige wèntí（　）nán.　_____

③ （　）bié mǎi zhèige.　_____

④ Wǒ（　）dōu wàng le.　_____

⑤ （　）tā lái le.　_____

第 7 课

文 法

1 進行の "在" "正" "正在"

A-46
A 我女儿在包饺子呢。　Wǒ nǚ'ér zài bāo jiǎozi ne.
B 我爷爷正钓鱼呢。　　Wǒ yéye zhèng diàoyú ne.
C 他正在开会呢。　　　Tā zhèngzài kāihuì ne.

"在"＋動詞(句)（＋"呢"）	「～しているところだ」
"正"＋動詞(句)＋"呢"	「ちょうど～しているところだ」
"正在"＋動詞(句)（＋"呢"）	「ちょうど～しているところだ」

▶動詞の前に副詞 "在" "正" "正在" を用いて，動作の進行を表す。"正" を用いるときは必ず文末に "呢" を伴う。"在" "正在" も，文末にしばしば "呢" を伴う。
▶文末に "呢" をつけるだけでも，進行を表すことができる。

2 "无论～还是…，都～"

A-47
A 这条街无论是白天还是晚上，都很热闹。
Zhèi tiáo jiē wúlùn shì báitiān háishi wǎnshang, dōu hěn rènao.
B 无论是男生还是女生，都必须参加军训。
Wúlùn shì nánshēng háishi nǚshēng, dōu bìxū cānjiā jūnxùn.

| "无论A还是B，都…" | 「AであろうとBであろうと，すべて…」 |

▶AとBには選択肢とされるようなものを置き，どちらの場合でも，結論に変わりがないことを表す。

3 疑問詞・数詞の不定用法

A-48　A 你想吃什么水果吗？　　　　Nǐ xiǎng chī shénme shuǐguǒ ma?
　　　B 我打算什么时候去一趟西班牙。　Wǒ dǎsuan shénme shíhou qù yí tàng Xībānyá.
　　　C 请给我几张纸和几支笔。　　Qǐng gěi wǒ jǐ zhāng zhǐ hé jǐ zhī bǐ.

　▶疑問詞"什么"は不定の事物「何か」，疑問詞"什么时候"は不定の時間「いつか」，数詞"几"は不定の数「いくつか」を表す。

新出語句

A-49
- 包饺子　bāo jiǎozi　（皮で餡を包み）ギョーザを作る
- 钓鱼　diàoyú　動 魚釣りをする
- 开会　kāihuì　動 会議をする
- 街　jiē　名 通り
- 白天　báitiān　名 昼間
- 热闹　rènao　形 にぎやかである
- 男生　nánshēng　名 男子学生
- 女生　nǚshēng　名 女子学生
- 必须～　bìxū　副 必ず～しなければならない
- 军训　jūnxùn　名 軍事訓練。"军事训练"の略
- 水果　shuǐguǒ　名 果物
- 西班牙　Xībānyá　名 スペイン
- ～支　zhī　量 ～本（棒状のものを数える）
- 笔　bǐ　名 筆記具。ペン類
- 随笔　suíbǐ　名 随筆。エッセイ
- 有意思　yǒuyìsi　形 おもしろい。興味深い
- 推荐　tuījiàn　動 推薦する
- 先　xiān　副 まず。とりあえず。先に
- 挪威的森林　Nuówēi de sēnlín　名 ノルウェイの森。村上春樹（1949年－）の長編小説
- 海边的卡夫卡　Hǎibiān de Kǎfūkǎ　名 海辺のカフカ。村上春樹の長編小説
- 借给～（…）　jiègěi　動+結補 ～に（…を）貸す

本 文

2年生の10月。王勇（Wáng Yǒng）はベンチで本を読んでいる李華（Lǐ Huá）を見かけました。

A-50　王勇：你在看什么呢？
A-51　　　　Nǐ zài kàn shénme ne?

李华：村上春树的随笔。
　　　Cūnshàng Chūnshù de suíbǐ.

王勇：我没看过他写的东西，有意思吗？
　　　Wǒ méi kànguo tā xiě de dōngxi, yǒuyìsi ma?

李华：他的作品，无论是小说还是随笔，都很有意思。
　　　Tā de zuòpǐn, wúlùn shì xiǎoshuō háishi suíbǐ, dōu hěn yǒuyìsi.

王勇：真的？那我也想看看。你给我推荐几本吧。
　　　Zhēn de? Nà wǒ yě xiǎng kànkan. Nǐ gěi wǒ tuījiàn jǐ běn ba.

李华：好哇。你先看看《挪威的森林》和《海边的卡夫卡》吧。
　　　Hǎo wa. Nǐ xiān kànkan «Nuówēi de sēnlín» hé «Hǎibiān de Kǎfūkǎ» ba.

王勇：你那儿有吗？
　　　Nǐ nàr yǒu ma?

李华：有，我借给你。
　　　Yǒu, wǒ jiègěi nǐ.

ドリル

1 まず質問文を書き取り，次に本文の内容に基づき中国語で答えなさい。

A-52
① 質問：＿＿＿＿＿＿＿＿＿＿＿＿＿＿＿＿　答え：＿＿＿＿＿＿＿＿＿＿＿

② 質問：＿＿＿＿＿＿＿＿＿＿＿＿＿＿＿＿　答え：＿＿＿＿＿＿＿＿＿＿＿

③ 質問：＿＿＿＿＿＿＿＿＿＿＿＿＿＿＿＿　答え：＿＿＿＿＿＿＿＿＿＿＿

2 日本語の意味に合うように，（　）内の語句を並べ替えなさい。

① 彼はまだ宿題をしているところです。
（他　在　呢　作业　还　做）

＿＿＿＿＿＿＿＿＿＿＿＿＿＿＿＿＿＿＿＿＿＿＿＿＿＿＿＿＿＿＿＿＿

② 土曜日でも日曜日でも，彼はファーストフード店でアルバイトをしています。
（快餐店　打工　还是　在　是　星期天　无论　都　星期六　他）

＿＿＿＿＿＿＿＿＿＿＿＿＿＿＿＿＿＿＿＿＿＿＿＿＿＿＿＿＿＿＿＿＿

③ 駅のそばには書店が何軒かあります。
（几　有　书店　旁边儿　家　车站）

＿＿＿＿＿＿＿＿＿＿＿＿＿＿＿＿＿＿＿＿＿＿＿＿＿＿＿＿＿＿＿＿＿

3 （　）内に，"有""在"のいずれかを入れなさい。

① 他（　　）很多钱。

② 我（　　）超市买牛奶。

③ 你的钱包（　　）桌子上。

④ 邮局后边（　　）一家便利店。

⑤ 他（　　）打篮球。

⑥ 我住 zhù（　　）上海。

第8课

文 法

1 助動詞 "要"

A-53
A 我要买一辆宝马。　　　　　　　Wǒ yào mǎi yí liàng Bǎomǎ.
B 你今天要加班吗？　　　　　　　Nǐ jīntiān yào jiābān ma?
　——不用加班。　　　　　　　　Búyòng jiābān.

"要"＋動詞（句）

▶ "要" の用法
　①願望を表す。"想" よりも願望の程度が強い。「〜したい」
　　否定形は "不想"。「〜したくない」
　②必要，義務を表す。「〜する必要がある。〜しなければならない」
　　否定形は "不用"。「〜する必要がない。〜しなくてもよい」
▶ "不要" は，禁止を表す。「〜してはいけない」

2 前置詞 "离"

A-54
A 你家离车站远吗？　　　　　　　Nǐ jiā lí chēzhàn yuǎn ma?
B 离期末考试只有两个星期了。　　Lí qīmò kǎoshì zhǐ yǒu liǎng ge xīngqī le.
C 离暑假还有多少天？　　　　　　Lí shǔjià hái yǒu duōshao tiān?

"离〜"　「〜から。〜まで」

▶ 空間的・時間的な隔たりを表す。

3 100 以上の数

A-55
一百 yìbǎi（100）　　　一千 yìqiān（1000）　　　一万 yíwàn（10000）
二百 èrbǎi（200）　　　两千 liǎngqiān（2000）　　两万 liǎngwàn（20000）
一百零五 yìbǎi líng wǔ（105）　　　一百一十 yìbǎi yīshí（110）
一千零五 yìqiān líng wǔ（1005）　　一千零五十 yìqiān líng wǔshí（1050）

▶ 100 は日本語では「百」だが，中国語では "一百" となる。
▶ 110 は日本語では「百十」だが，中国語では "一百一十" となる。"一" は "十" の前では声調変化しないので，"一百一十" の後のほうの "一" は第一声のままである。

▶中間のケタがゼロの場合，"零"を入れる。ゼロがいくつ続いても"零"は一つでよい。
▶数字の末尾がゼロの場合，最後の位は省略できる。ただし，途中にゼロをはさまない場合に限る。

  110　→　○　一百一十　　　　○　一百一
  1050　→　○　一千零五十　　×　一千零五

4　金額の言い方

A-56　A　你一个月的工资多少钱？　　Nǐ yí ge yuè de gōngzī duōshao qián?
    ——五千块左右。　　　　Wǔqiān kuài zuǒyòu.

  B　她买了一台一万两千日元的微波炉。
    Tā mǎile yì tái yíwàn liǎngqiān rìyuán de wēibōlú.

書き言葉	話し言葉
元 yuán	块 kuài
角 jiǎo	毛 máo
分 fēn	分 fēn

▶1块（元）= 10毛（角）　　1毛（角）= 10分
▶金額を表す場合，"钱"は省略できる。また，最後の単位も省略できる。
  四块八毛钱 = 四块八毛 = 四块八
▶日本円は"日元"rìyuán，米ドルは"美元"měiyuán，ユーロは"欧元"ōuyuán。

新出語句

A-57

宝马　Bǎomǎ　名　BMW
加班　jiābān　動　残業する
期末　qīmò　名　期末
考试　kǎoshì　名　試験
暑假　shǔjià　名　夏休み
工资　gōngzī　名　給料
〜左右　zuǒyòu　名　〜ぐらい

微波炉　wēibōlú　名　電子レンジ
首都剧场　Shǒudū jùchǎng　名　首都劇場
演　yǎn　動　上演する
茶馆　Cháguǎn　名　茶館。老舎（1899 - 1966年）の戯曲
难得　nándé　形　得がたい。めったにない
大概　dàgài　副　おおよそ

第8课

本 文

2年生の12月。李華（Lǐ Huá）は王勇（Wáng Yǒng）に演劇情報を知らせます。

A-58 / A-59

李华：你 知道 吗？下个 月 在 首都 剧场 演《茶馆》。
　　　Nǐ zhīdào ma? Xiàge yuè zài Shǒudū jùchǎng yǎn «Cháguǎn».

王勇：是 吗!？机会 难得，我 一定 要 去 看。
　　　Shì ma!? Jīhuì nándé, wǒ yídìng yào qù kàn.

李华：那 我 也 一起 去。
　　　Nà wǒ yě yìqǐ qù.

王勇：太 好 了！首都 剧场 离 这儿 远 吗？
　　　Tài hǎo le! Shǒudū jùchǎng lí zhèr yuǎn ma?

李华：坐 地铁 大概 要 一 个 多 小时。
　　　Zuò dìtiě dàgài yào yí ge duō xiǎoshí.

王勇：票 贵 吗？多少 钱 一 张？
　　　Piào guì ma? Duōshao qián yì zhāng?

李华：最 贵 的 六百 八，最 便宜 的 四十。
　　　Zuì guì de liùbǎi bā, zuì piányi de sìshí.

ドリル

1 まず質問文を書き取り，次に本文の内容に基づき中国語で答えなさい。

A-60　① 質問：_____　答え：_____

　　　② 質問：_____　答え：_____

　　　③ 質問：_____　答え：_____

2 日本語の意味に合うように，（　）内の語句を並べ替えなさい。

① 天気があまりよくないですが，私は必ず行かなければなりません。
　（太　要　天气　不　但是　我　虽然　一定　去　好）

_____

② 私はここから遠くない場所で生まれました。
　（地方　远　生在　这儿　我　不　离　的）

_____

③ 10万円さえあれば，彼は一か月間生活することができます。
　（就　有　十　个　万　可以　他　生活 shēnghuó　只要　月　一　日元）

_____

3 （　）内に，洋数字で書き取りなさい。

A-61　① 我有（　　　）块钱，可以买（　　　）张（　　　）块钱的票。

　　　② 我一个月的工资（　　　）左右。

　　　③ 这条领带（　　　），那条领带（　　　），你要哪条？

　　　④ 她买了一辆（　　　）块钱的汽车。

　　　⑤ 我们学校有（　　　）个学生，他们学校有（　　　）个学生。

文法

1 持続の"着"

A-62
A 我等着他的回信呢。　　　　　Wǒ děngzhe tā de huíxìn ne.
B 她戴着眼镜，穿着牛仔裤。　　Tā dàizhe yǎnjìng, chuānzhe niúzǎikù.
C 每次下课后，大家都围着老师问问题。
　　Měicì xiàkèhòu, dàjiā dōu wéizhe lǎoshī wèn wèntí.

　動詞＋"着"　「～している」

▶"着"は，動作の持続や，動作の結果もたらされた状態の持続を表す。
　"等着"の"着"は動作の持続，"戴着""穿着"の"着"は動作の結果もたらされた状態の持続を表す。
▶動作の持続を表す"着"は，動作の進行を表す"正～呢""在～(呢)""正在～(呢)""～呢"としばしばいっしょに用いられる。
　　我正等着他的回信呢。　　　　我在等着他的回信(呢)。
　　我正在等着他的回信(呢)。　　我等着他的回信呢。

　動詞１＋"着"＋動詞２　「～しながら…する」

▶二つの動作が同時に行われることを表す。

2 方向補語（1）単純方向補語

A-63
A 我们下去看看吧。　　　　Wǒmen xiàqu kànkan ba.
B 这儿太美了，我下次一定带照相机来。
　　Zhèr tài měi le, wǒ xiàcì yídìng dài zhàoxiàngjī lai.

　動詞＋単純方向補語〔"来／去"〕

▶「方向補語」は，動作が行われる方向を表す。
▶動作が話し手に近づく場合は"来"「～してくる」，話し手から遠のく場合は"去"「～していく」を用いる。
▶目的語はふつう"来／去"の前に置く。

3 方向補語（2）複合方向補語

A-64　A　孩子们都爬上去了。　　　　Háizimen dōu páshàngqu le.
　　　B　杨老师走进教室来了。　　　　Yáng lǎoshī zǒujìn jiàoshì lai le.

	上 （のぼる）	下 （くだる）	进 （はいる）	出 （でる）	回 （もどる）	过 （すぎる）	起 （おきる）
来	上来 shànglai	下来 xiàlai	进来 jìnlai	出来 chūlai	回来 huílai	过来 guòlai	起来 qǐlai
去	上去 shàngqu	下去 xiàqu	进去 jìnqu	出去 chūqu	回去 huíqu	过去 guòqu	――

動詞＋複合方向補語〔"上"など＋"来／去"〕

▶動作の方向を表す動詞の"上／下／进／出／回／过／起"と"来／去"が組み合わさったものを，「複合方向補語」という。
▶"起"は"来"とだけ組み合わさる。
▶目的語はふつう"来／去"の前に置く。

4 方向補語（3）方向補語の派生的用法

A-65　A　她唱起来了。　　　　　　　Tā chàngqǐlai le.
　　　B　我想一直在伦敦住下去。　　Wǒ xiǎng yìzhí zài Lúndūn zhùxiàqu.

動詞＋"起来"　「～し始める」
動詞＋"下去"　「～し続ける」

▶方向補語は，具体的な動作の方向を表すほかに，拡張した派生的な意味を表す場合がある。

新出語句

A-66
回信　huíxìn　图　返信
戴　dài　動　身につける
眼镜　yǎnjìng　图　メガネ
穿　chuān　動　履く。着る
牛仔裤　niúzǎikù　图　ジーンズ。ジーパン
每次　měicì　图　毎回
下课　xiàkè　動　授業が終わる
～后　hòu　图　～あと
围　wéi　動　取り囲む
下次　xiàcì　图　次回
带　dài　動　持つ。携帯する
照相机　zhàoxiàngjī　图　カメラ

孩子　háizi　图　子ども
杨　Yáng　图　楊（姓）
伦敦　Lúndūn　图　ロンドン
呀　ya　助　＝"啊"。肯定，注意，感嘆などの語気を表す
据说～　jùshuō　動　聞くところによると～だそうだ
卖光　màiguāng　動＋結補　売り切れる
看见　kànjiàn　動　目に入る。見える
白帽子　bái màozi　白い帽子
宿舍　sùshè　图　寮。宿舎
打招呼　dǎ zhāohu　あいさつする
算了　suànle　動　やめにする

本　文

　　　　２年生の１月。李華（Lǐ Huá）と王勇（Wáng Yǒng）は首都劇場へ来ました。二人はロビーにいます。

A-67
A-68

王勇：人 真 多 呀！
　　　Rén zhēn duō ya!

李华：据说 今天 的 票 都 卖光 了。
　　　Jùshuō jīntiān de piào dōu màiguāng le.

王勇：你 看见 那个 跑进来 的 人 了 吗？
　　　Nǐ kànjiàn nèige pǎojìnlai de rén le ma?

李华：是 那个 戴着 白 帽子 的 吗？
　　　Shì nèige dàizhe bái màozi de ma?

王勇：对，他 是 我们 宿舍 的，叫 陈 波。
　　　Duì, tā shì wǒmen sùshè de, jiào Chén Bō.

李华：你 不 去 跟 他 打 招呼 吗？
　　　Nǐ bú qù gēn tā dǎ zhāohu ma?

王勇：算了。马上 就要 开演 了。
　　　Suànle. Mǎshàng jiùyào kāiyǎn le.

李华：好，那 咱们 进去 吧。
　　　Hǎo, nà zánmen jìnqu ba.

ドリル

1 まず質問文を書き取り，次に本文の内容に基づき中国語で答えなさい。

A-69

① 質問：_____ 答え：_____

② 質問：_____ 答え：_____

③ 質問：_____ 答え：_____

2 日本語の意味に合うように，（ ）内の語句を並べ替えなさい。

① 彼は誰かに手紙を書いているところです。
（正在　呢　信　谁　着　写　他　给）

_____

② 彼女はとてもきれいなスカートを履いています。
（条　裙子　很　的　她　漂亮　一　着　穿）

_____

③ 立ちながら話をするのは疲れるので，私たちは座りましょう。
（吧　很　着　坐　说话　站　我们　累　下）

_____

3 （ ）内に，"下""来""去""回""出""起"のいずれかを入れなさい。同じ語を二度用いないこと。

① 大家都笑 xiào（　　）来了。

② 这是我昨天从超市买（　　）来的面包。

③ 她不在这儿，已经回家（　　）了。

④ 张老师说："你今天带词典（　　）了吗？"

⑤ 你说得很有意思，请说（　　）去。

⑥ 请拿（　　）身份证来。

文 法

1 受け身文

A-70
- A 我被人骗了。　　　　　　　Wǒ bèi rén piàn le.
- B 他儿子让老师批评了。　　　Tā érzi ràng lǎoshī pīpíng le.
- C 你的衣服叫雨淋湿了。　　　Nǐ de yīfu jiào yǔ línshī le.

> 動作の受け手＋"被／让／叫"＋動作の主体＋動詞＋付加成分　「～に…される」

▶「受け身文」は，何らかの被害をこうむったというニュアンスをもつことが多い。
▶動詞の後は，補語や"了"などの付加成分がつく。
▶"被"を用いた場合，動作の主体を省略できる。"让""叫"は省略できない。
　　〇我被骗了。　　✕我让骗了。　　✕我叫骗了。
▶否定形は，"不""没(有)"を"被""让""叫"の前に置く。

2 "一边(儿)～，一边(儿)…"

A-71
- A 咱们一边儿走，一边儿聊吧。　　Zánmen yìbiānr zǒu, yìbiānr liáo ba.
- B 他总是一边开车，一边听流行歌曲。
　　Tā zǒngshì yìbiān kāichē, yìbiān tīng liúxíng gēqǔ.

> "一边(儿)～，一边(儿)…"　「～しながら，…する」

▶二つの動作が同時に進行することを表す。

3 "先~，然后…"

A-72 A 他今天先去医院看病，然后去学校上课。
Tā jīntiān xiān qù yīyuàn kànbìng, ránhòu qù xuéxiào shàngkè.

B 你应该先做作业，然后去玩儿。
Nǐ yīnggāi xiān zuò zuòyè, ránhòu qù wánr.

C 早上我先热牛奶，然后烤面包。
Zǎoshang wǒ xiān rè niúnǎi, ránhòu kǎo miànbāo.

"先~，然后…" 「まず~して，それから…する」
▶動作の順番を表す。

4 "由于~，所以…"

A-73 A 由于老龄化的问题很严重，所以独生子女政策被取消了。
Yóuyú lǎolínghuà de wèntí hěn yánzhòng, suǒyǐ dúshēng zǐnǚ zhèngcè bèi qǔxiāo le.

B 由于他对绘画很感兴趣，所以经常去美术馆。
Yóuyú tā duì huìhuà hěn gǎn xìngqù, suǒyǐ jīngcháng qù měishùguǎn.

"由于~，所以…" 「~なので，(だから)…」
▶"由于~，所以…"は，"因为~，所以…"と同じく，因果関係を表す。"因为"は話し言葉と書き言葉のいずれにも用いるが，"由于"は主に書き言葉に用いる。
▶前の節で原因や理由を述べ，後の節で結果や結論を述べる。

本 文

2年生の4月。李華（Lǐ Huá）はクラスメートと日帰り旅行へ行ってきました。李華の日記です。

A-74
A-75

随着 春天 的 到来，花 开 了，树 也 绿 了。我们 班 的
Suízhe chūntiān de dàolái, huā kāi le, shù yě lǜ le. Wǒmen bān de

同学 一行 十人，今天 一大早 就 坐 大巴 去了 京郊 的 著名
tóngxué yìxíng shí rén, jīntiān yídàzǎo jiù zuò dàbā qùle jīngjiāo de zhùmíng

风景区 十渡。
fēngjǐngqū Shídù.

一 下车，我们 就 被 那里 的 景色 迷住 了。我们 一边
Yí xiàchē, wǒmen jiù bèi nàli de jǐngsè mízhù le. Wǒmen yìbiān

呼吸着 清新 的 空气，一边 观赏着 美丽 的 风景，深深 地
hūxīzhe qīngxīn de kōngqì, yìbiān guānshǎngzhe měilì de fēngjǐng, shēnshēn de

感受到了 大自然 的 魅力。
gǎnshòudàole dàzìrán de mèilì.

白天，我们 先 划船，然后 爬山。傍晚，在 农家 餐厅
Báitiān, wǒmen xiān huáchuán, ránhòu páshān. Bàngwǎn, zài nóngjiā cāntīng

品尝了 一 顿 "农家饭"。由于 这里 的 鱼、肉 和 蔬菜 都 很
pǐnchángle yí dùn "nóngjiāfàn". Yóuyú zhèli de yú、ròu hé shūcài dōu hěn

新鲜，所以 非常 好吃。
xīnxian, suǒyǐ fēicháng hǎochī.

我们 在 大自然 的 怀抱里，度过了 愉快 的 一 天。在 返回
Wǒmen zài dàzìrán de huáibàoli, dùguòle yúkuài de yì tiān. Zài fǎnhuí

学校 的 路上，大家 都 说："明年 一定 再 来"。
xuéxiào de lùshang, dàjiā dōu shuō: "Míngnián yídìng zài lái".

新出語句

A-76

| 骗 piàn 動 だます
| 批评 pīpíng 動（欠点や誤りを指摘して）叱る
| 淋湿 línshī 動+結補 ぬれる
| 聊 liáo 動 おしゃべりする
| 总是 zǒngshì 副 いつも
| 流行歌曲 liúxíng gēqǔ 名 流行歌。ポピュラーソング
| 看病 kànbìng 動 診察を受ける
| 上课 shàngkè 動 授業を受ける
| 热 rè 動 温める
| 烤 kǎo 動 焼く
| 老龄化 lǎolínghuà 名 高齢化
| 严重 yánzhòng 形 深刻である
| 独生子女 dúshēng zǐnǚ 名 一人っ子
| 取消 qǔxiāo 動 廃止する。取り消す
| 对~感兴趣 duì~gǎn xìngqù ~に（対して）興味がある
| 经常 jīngcháng 副 しょっちゅう。よく
| 随着~ suízhe 前 ~とともに
| 春天 chūntiān 名 春
| 开 kāi 動（花が）咲く
| 树 shù 名 樹木

绿 lǜ 形 緑色である
班 bān 名 クラス
同学 tóngxué 名 クラスメート
一行 yìxíng 名 一行（いっこう）
一大早 yídàzǎo 名 早朝
京郊 jīngjiāo 名 首都の郊外。（特に）北京郊外
风景区 fēngjǐngqū 名 景勝地
迷住 mízhù 動+結補 心を奪う。魅了する
清新 qīngxīn 形 すがすがしい
观赏 guānshǎng 動 鑑賞する
美丽 měilì 形 美しい
感受 gǎnshòu 動 感じる
划船 huáchuán 動 ボートをこぐ
傍晚 bàngwǎn 名 夕方
农家 nóngjiā 名 農家
品尝 pǐncháng 動 味わう
~顿 dùn 量 ~回（食事の回数を数える）
蔬菜 shūcài 名 野菜
怀抱 huáibào 名 ふところ
度过 dùguò 動 過ごす
返回 fǎnhuí 動 帰る。戻る
路上 lùshang 名 道すがら。道中

第11课

文法

1 "是～的"構文

B-1
- A 你是二零几几年出生的？　　Nǐ shì èr líng jǐ jǐ nián chūshēng de?
- B 我们是在朋友家认识的。　　Wǒmen shì zài péngyou jiā rènshi de.
- C 你是怎么知道的？　　Nǐ shì zěnme zhīdào de?
- D 她是跟谁一起去的意大利？　Tā shì gēn shéi yìqǐ qù de Yìdàlì?

("是"＋)取り立て要素＋動詞＋"的"(＋目的語)　「～したのである」

▶すでに行われたことについて，時間，場所，方法，対象などの要素を取り立てて話すときに用いる。

▶否定文以外は"是"を省略できる。
　　我(是)二零一零年出生的。
　　我不是二零一零年出生的。

▶動詞が目的語を伴う場合，目的語はふつう"的"の後に置く。

2 "越～越…"

B-2
- A 他的酒量越来越大了。　　Tā de jiǔliàng yuè lái yuè dà le.
- B 我越想越生气。　　Wǒ yuè xiǎng yuè shēngqì.
- C 你认为朋友越多越好吗？　Nǐ rènwéi péngyou yuè duō yuè hǎo ma?

"越来越～"　「ますます～」

▶状況が時間の推移につれて発展していくことを表す。

"越～越…"　「～であればあるほど，ますます…」

▶ある状況の発展につれて，もう一つの状況も発展していくことを表す。

3 "不仅～，而且…"

B-3　A　他不仅是政治家，而且也是律师。
　　　　　Tā bùjǐn shì zhèngzhìjiā, érqiě yě shì lǜshī.

　　　B　玛丽不仅会写简体字，而且还会写繁体字。
　　　　　Mǎlì bùjǐn huì xiě jiǎntǐzì, érqiě hái huì xiě fántǐzì.

　　　C　我们公寓附近不仅有超市，而且还有银行、邮局、医院、便利店、洗衣店、理发店、面包店等等。Wǒmen gōngyù fùjìn bùjǐn yǒu chāoshì, érqiě hái yǒu yínháng, yóujú, yīyuàn, biànlìdiàn, xǐyīdiàn, lǐfàdiàn, miànbāodiàn děngděng.

　　"不仅～，而且…"　「～だけでなく，その上…」
　　▶累加を表す。
　　▶"而且"の後にはしばしば，"也"や"还"などが加わる。

新出語句

B-4

认识　rènshi　動　知り合う
意大利　Yìdàlì　名　イタリア
生气　shēngqì　動　腹が立つ。怒る
认为～　rènwéi　動　～と思う。～と考える
玛丽　Mǎlì　名　メアリー（名）
简体字　jiǎntǐzì　名　簡体字。"繁体字"を簡略化したもの
繁体字　fántǐzì　名　繁体字。漢字簡略化以前の旧字
公寓　gōngyù　名　マンション
洗衣店　xǐyīdiàn　名　クリーニング店
理发店　lǐfàdiàn　名　理髪店
网　wǎng　名　インターネット。ネット
一口气　yìkǒuqì　副　一気に
冲动　chōngdòng　形　衝動にかられる

没错儿　méi cuòr　間違いない。そのとおり
容易～　róngyì　形　～しやすい
缺点　quēdiǎn　名　欠点
其实　qíshí　副　実は
有时候　yǒushíhou　副　時々。時には
控制　kòngzhì　動　コントロールする
怎么了　zěnme le　どうしたのですか
这样　zhèyàng / zhèiyàng　代　こうする。そうする。このようにする。そのようにする
影响　yǐngxiǎng　動　影響する
伤害　shānghài　動　損なう
眼睛　yǎnjing　名　目
呢　ne　助　事実を相手に確認させる語気を表す

本 文

3年生の11月。李華（Lǐ Huá）と王勇（Wáng Yǒng）は自制心について話し合っています。

B-5
B-6

王勇：你 的 裙子 很 漂亮。是 在 哪儿 买 的？
　　　Nǐ de qúnzi hěn piàoliang. Shì zài nǎr mǎi de?

李华：在 网上 买 的。前天，我 一口气 买了 五 条。
　　　Zài wǎngshang mǎi de. Qiántiān, wǒ yìkǒuqì mǎile wǔ tiáo.

王勇：啊？！你 太 冲动 了。
　　　Á?! Nǐ tài chōngdòng le.

李华：没 错儿，容易 冲动 是 我 的 缺点。
　　　Méi cuòr, róngyì chōngdòng shì wǒ de quēdiǎn.

王勇：其实 我 有时候 也 很 难 控制 自己。
　　　Qíshí wǒ yǒushíhou yě hěn nán kòngzhì zìjǐ.

李华：你 怎么 了？
　　　Nǐ zěnme le?

王勇：我 最近 玩儿 游戏 的 时间 越 来 越 长 了。
　　　Wǒ zuìjìn wánr yóuxì de shíjiān yuè lái yuè cháng le.

李华：别 这样。这 不仅 影响 学习，而且 还 伤害 眼睛 呢。
　　　Bié zhèiyàng. Zhè bùjǐn yǐngxiǎng xuéxí, érqiě hái shānghài yǎnjing ne.

ドリル

1 まず質問文を書き取り，次に本文の内容に基づき中国語で答えなさい。

B-7

① 質問：＿＿＿＿＿＿＿＿＿＿＿＿＿＿＿＿＿＿　答え：＿＿＿＿＿＿＿＿＿＿＿

② 質問：＿＿＿＿＿＿＿＿＿＿＿＿＿＿＿＿＿＿　答え：＿＿＿＿＿＿＿＿＿＿＿

③ 質問：＿＿＿＿＿＿＿＿＿＿＿＿＿＿＿＿＿＿　答え：＿＿＿＿＿＿＿＿＿＿＿

2 日本語の意味に合うように，（ ）内の語句を並べ替えなさい。

① あなたは日本語を話すのがとても流ちょうですが，どこで学んだのですか。
（日语　在　说　流利　得　说　学　的　是　很　哪儿　你）

＿＿＿＿＿＿＿＿＿＿＿＿＿＿＿＿＿＿＿＿＿＿＿＿＿＿＿＿＿＿＿＿＿＿＿＿

② 中国語はやや難しいですが，学べば学ぶほどおもしろいです。
（越　难　有意思　汉语　越　比较　但是　虽然　学）

＿＿＿＿＿＿＿＿＿＿＿＿＿＿＿＿＿＿＿＿＿＿＿＿＿＿＿＿＿＿＿＿＿＿＿＿

③ 彼女の家はスーパーから近いだけでなく，その上駅からも近いです。
（家　很　她　近　离　车站　不仅　超市　也　离　近　而且　很）

＿＿＿＿＿＿＿＿＿＿＿＿＿＿＿＿＿＿＿＿＿＿＿＿＿＿＿＿＿＿＿＿＿＿＿＿

3 実際の状況の基づき中国語で答えなさい。答えは省略のない文の形であること。

① Nǐ shì jǐ yuè jǐ hào chūshēng de? ＿＿＿＿＿＿＿＿＿＿＿＿＿＿＿＿＿

② Zuótiān nǐ shì jǐ diǎn huí de jiā? ＿＿＿＿＿＿＿＿＿＿＿＿＿＿＿＿＿

③ Jīntiān nǐ shì zuò diànchē lái de xuéxiào ma?

＿＿＿＿＿＿＿＿＿＿＿＿＿＿＿＿＿＿＿＿＿＿＿＿＿＿＿＿＿＿＿＿＿＿＿＿

④ Zuótiān nǐ shì zài wàibian chī de wǎnfàn háishi zài jiāli chī de wǎnfàn?

＿＿＿＿＿＿＿＿＿＿＿＿＿＿＿＿＿＿＿＿＿＿＿＿＿＿＿＿＿＿＿＿＿＿＿＿

⑤ Nǐ shì zài shūdiàn mǎi de kèběn háishi zài wǎngshang mǎi de kèběn?

＿＿＿＿＿＿＿＿＿＿＿＿＿＿＿＿＿＿＿＿＿＿＿＿＿＿＿＿＿＿＿＿＿＿＿＿

第12课 Dì shí'èr kè

文法

1　比較（1）

B-8
A　他比我聪明，但是没有你聪明。
　　Tā bǐ wǒ cōngming, dànshì méiyǒu nǐ cōngming.

B　你比他重几公斤？　　Nǐ bǐ tā zhòng jǐ gōngjīn?
　　——我比他重五公斤。　Wǒ bǐ tā zhòng wǔ gōngjīn.

C　她打羽毛球打得比我好。　Tā dǎ yǔmáoqiú dǎ de bǐ wǒ hǎo.

A＋"比"＋B＋形容詞（＋差の量）　「AはBより（どれだけ）〜だ」

▶どのくらい差があるかを表す「差の量」を言うときには，形容詞の後に置く。
▶"很""非常"など比較の意味をもたない副詞は，形容詞の前に置くことができない。
　　✕他比我很聪明。
▶「ずっと〜だ」と言うときには，"得多"または"多了"を形容詞の後に置く。
　　他比我聪明得多。　　他比我聪明多了。
▶否定形は　A＋"没有"＋B＋形容詞　「AはBほど〜でない」

2　比較（2）

B-9
A　我的想法跟你的一样。　　Wǒ de xiǎngfa gēn nǐ de yíyàng.

B　汉堡王的汉堡包和麦当劳的一样好吃。
　　Hànbǎowáng de hànbǎobāo hé Màidāngláo de yíyàng hǎochī.

C　这次出差的地方和上次不一样。
　　Zhèi cì chūchāi de dìfang hé shàngcì bù yíyàng.

A＋"跟／和"＋B＋"一样"（＋形容詞）　「AはBと同じ（に〜）だ」

▶二つの物事が，比べて同じときに用いる。
▶否定形は，"不"を"一样"の前に置く。

3 可能補語

B-10
A 你买得到明天的机票吗？　　Nǐ mǎidedào míngtiān de jīpiào ma?
B 生词太多，我记不住。　　　Shēngcí tài duō, wǒ jìbuzhù.
C 我的腿麻了，站不起来了。　Wǒ de tuǐ má le, zhànbuqǐlai le.

動詞＋"得"＋結果補語・方向補語　「～できる」肯定形
動詞＋"不"＋結果補語・方向補語　「～できない」否定形

▶「"得"＋結果補語・方向補語」「"不"＋結果補語・方向補語」の部分を，「可能補語」という。それぞれ可能と不可能を表す。
▶反復疑問文は，「動詞＋可能補語」の肯定形と否定形を並べて作る。
　你买得到买不到明天的机票？
▶目的語は，しばしば文頭に移動する。
　明天的机票你买得到吗？

新出語句

B-11
聪明　cōngming　形　頭がいい
羽毛球　yǔmáoqiú　名　バドミントン
想法　xiǎngfa　名　考え
汉堡王　Hànbǎowáng　名　バーガーキング
汉堡包　hànbǎobāo　名　ハンバーガー
和～　hé　前　～と
麦当劳　Màidāngláo　名　マクドナルド
出差　chūchāi　動　出張する
上次　shàngcì　名　前回
生词　shēngcí　名　新出単語
腿　tuǐ　名　足（太ももから足首まで）
麻　má　形　しびれる

终于　zhōngyú　副　ついに
主意　zhúyi　名　考え
东门　dōngmén　名　東門
查　chá　動　調べる
评价　píngjià　名　評価
周围　zhōuwéi　名　周り
就　jiù　副　～ならば…である
预订　yùdìng　動　予約する
位子　wèizi　名　席
抽不出　chōubuchū　動＋可補　（一部分を）引き出すことができない

本 文

3年生の1月。李華（Lǐ Huá）と王勇（Wáng Yǒng）は期末試験が終わりました。

B-12
B-13

李华：期末 考试 终于 考完 了。
　　　Qīmò kǎoshì zhōngyú kǎowán le.

王勇：咱们 去 校外 吃 晚饭 吧。
　　　Zánmen qù xiàowài chī wǎnfàn ba.

李华：好 主意！在 哪儿 吃？
　　　Hǎo zhúyi! Zài nǎr chī?

王勇：东门外 的 麻辣 天堂 怎么样？
　　　Dōngménwài de Málà tiāntáng zěnmeyàng?

李华：等 一下。
　　　Děng yíxià.

（李华查"大众点评"。Lǐ Huá chá "Dàzhòng diǎnpíng".）

李华：这 家 店 的 评价 比 周围 的 店 高 得 多。
　　　Zhèi jiā diàn de píngjià bǐ zhōuwéi de diàn gāo de duō.

王勇：那 我 就 预订 位子 了。今晚 行 吗？
　　　Nà wǒ jiù yùdìng wèizi le. Jīnwǎn xíng ma?

李华：今晚 我 抽不出 时间，明晚 吧。
　　　Jīnwǎn wǒ chōubuchū shíjiān, míngwǎn ba.

ドリル

1 まず質問文を書き取り，次に本文の内容に基づき中国語で答えなさい。

B-14 ① 質問：_____ 答え：_____

② 質問：_____ 答え：_____

③ 質問：_____ 答え：_____

2 日本語の意味に合うように，（ ）内の語句を並べ替えなさい。

① この洋服はあれよりも三百元高いです。
（件　件　贵　块钱　这　那　衣服　比　三百）

_____

② 今年私たちに中国語を教えてくださる先生は，去年と同じではありません。
（汉语　教　的　和　的　不　我们　今年　老师　一样　去年）

_____

③ 富士山は高尾山よりずっと高いですが，あなたは登っていくことができますか。
（多　你　高尾山 Gāowěishān　吗　得　得　爬　富士山 Fùshìshān　高　上去　比）

_____

3 まず質問文を書き取り，次に実際の状況の基づき中国語で答えなさい。

B-15 ① 質問：_____ 答え：_____

② 質問：_____ 答え：_____

③ 質問：_____ 答え：_____

＊黄河 Huánghé　长江 Chángjiāng

文法

1 "A是A，就是～"

B-16　A　喜欢是喜欢，就是买不起。　　　Xǐhuan shì xǐhuan, jiùshì mǎibuqǐ.

　　　B　樱花漂亮是漂亮，就是开的时间太短了。

　　　　　Yīnghuā piàoliang shì piàoliang, jiùshì kāi de shíjiān tài duǎn le.

"A是A，就是～"　「AはAであるけれど，ただ～」

▶"A是A"は，"是"をはさんで同じ語句を繰り返し，譲歩を表す。

▶後の節は，範囲を限定する副詞"就是"で始め，ただ一つだけの不満または残念なことを取り出して言う。

2 "有点儿"と"一点儿"

B-17　A　她好像有点儿紧张。　　　　　　Tā hǎoxiàng yǒudiǎnr jǐnzhāng.

　　　B　今天的温度比昨天低一点儿。　　Jīntiān de wēndù bǐ zuótiān dī yìdiǎnr.

　　　C　请给我一点儿考虑的时间。　　　Qǐng gěi wǒ yìdiǎnr kǎolǜ de shíjiān.

　　　D　我和他一点儿关系也没有。　　　Wǒ hé tā yìdiǎnr guānxi yě méiyǒu.

"有点儿"+形容詞　「少し～」

▶話し手の望ましくないという主観的な気持ちを含んでいる。

形容詞+"一点儿"　「少し～」

▶程度を客観的に比較している。

"一点儿"+名詞　「少しの～」

▶わずかな量を表す。

"一点儿"+"也／都"+否定形　「少しも～ない。まったく～ない」

"一点儿"+名詞+"也／都"+否定形　「少しの～も…ない」

▶わずかな量を取り立てて否定することで，ゼロであることを強調する。

3 処置文

B-18
A 请把那台复印机修好。　　　　Qǐng bǎ nèi tái fùyìnjī xiūhǎo.
B 你把介绍信拿来了吗？　　　　Nǐ bǎ jièshàoxìn nálai le ma?
C 我要把这些脏衣服洗一洗。　　Wǒ yào bǎ zhèixiē zāng yīfu xǐ yi xǐ.

"把"＋目的語＋動詞＋付加成分 「～を…する」

▶ "把"によって目的語を動詞の前に出し、その目的語に対して何らかの直接的な変化を与える（処置する）ことを表す文を、「処置文」という。
▶ 動詞の後は、補語、"了"、重ね型などの付加成分がつく。
▶ 目的語は特定のもの。
　　　✕ 请把一台复印机修好。
▶ 否定形は、"不""没(有)"を"把"の前に置く。
▶ 助動詞は"把"の前に置く。

新出語句

B-19

买不起　mǎibuqǐ　動＋可補　(金銭的な余裕がなくて) 買うことができない
樱花　yīnghuā　名　桜(の花)
好像～　hǎoxiàng　副　～ようである
紧张　jǐnzhāng　形　緊張している
温度　wēndù　名　温度
关系　guānxi　名　関係
复印机　fùyìnjī　名　コピー機
介绍信　jièshàoxìn　名　紹介状
脏　zāng　形　汚れている
点菜　diǎncài　動　料理を注文する
～的时候　de shíhou　～するとき。～のとき

更　gèng　副　いっそう。もっと
口味儿　kǒuwèir　名　(食べ物などについての) 好み
剩下　shèngxià　動　残る。残す
打包　dǎbāo　動　(食べ残した料理を) パックに詰める
上　shàng　動　(料理などをテーブルに) 運ぶ
招牌菜　zhāopáicài　名　看板料理
水煮牛肉　shuǐzhǔ niúròu　名　牛肉の唐辛子煮込み
天哪　tiān na　ああ神様。あれまあ。なんてことだ

第13课　55

本文

3年生の1月。李華（Lǐ Huá）と王勇（Wáng Yǒng）は"麻辣天堂"で食事をしています。

B-20
B-21

王勇：你吃得太少了，不好吃吗？
　　　Nǐ chī de tài shǎo le, bù hǎochī ma?

李华：好吃是好吃，就是有点儿辣。
　　　Hǎochī shì hǎochī, jiùshì yǒudiǎnr là.

王勇：对不起，我点菜的时候，更应该考虑你的口味儿。
　　　Duìbuqǐ, wǒ diǎncài de shíhou, gèng yīnggāi kǎolǜ nǐ de kǒuwèir.

李华：没关系。把剩下的菜打包带回去吧。
　　　Méi guānxi. Bǎ shèngxià de cài dǎbāo dàihuíqu ba.

王勇：等等，最后一个菜还没上来。
　　　Děngdeng, zuìhòu yí ge cài hái méi shànglai.

李华：还点什么了？
　　　Hái diǎn shénme le?

王勇：这儿的招牌菜，水煮牛肉。
　　　Zhèr de zhāopáicài, shuǐzhǔ niúròu.

李华：天哪！
　　　Tiān na!

ドリル

1 まず質問文を書き取り，次に本文の内容に基づき中国語で答えなさい。

B-22
① 質問：＿＿＿＿＿＿＿＿＿＿＿＿＿＿＿＿＿＿　答え：＿＿＿＿＿＿＿＿＿＿＿

② 質問：＿＿＿＿＿＿＿＿＿＿＿＿＿＿＿＿＿＿　答え：＿＿＿＿＿＿＿＿＿＿＿

③ 質問：＿＿＿＿＿＿＿＿＿＿＿＿＿＿＿＿＿＿　答え：＿＿＿＿＿＿＿＿＿＿＿

2 日本語の意味に合うように，（ ）内の語句を並べ替えなさい。

① 彼が書いた小説はおもしろいにはおもしろいが，少し長すぎます。
（小说　长　写　有意思　有点儿　有意思　的　他　是　就是）

＿＿＿＿＿＿＿＿＿＿＿＿＿＿＿＿＿＿＿＿＿＿＿＿＿＿＿＿＿＿＿＿＿＿＿

② 私は今日お金をまったく持っていません。
（今天　带　也　没　一点儿　我　钱）

＿＿＿＿＿＿＿＿＿＿＿＿＿＿＿＿＿＿＿＿＿＿＿＿＿＿＿＿＿＿＿＿＿＿＿

③ 私はまだ携帯電話の番号を彼に伝えていません。
（没　把　他　号码　我　手机　告诉　还）

＿＿＿＿＿＿＿＿＿＿＿＿＿＿＿＿＿＿＿＿＿＿＿＿＿＿＿＿＿＿＿＿＿＿＿

3 （ ）内に，"有点儿""一点儿"のいずれかを入れなさい。

① 他今天（　　　　　）忙。

② 我会说（　　　　　）日语。

③ 她比你胖（　　　　　）。

④ 他（　　　　　）也不知道。

⑤ 这双鞋 xié（　　　　　）小，有大（　　　　　）的吗？

⑥ 我（　　　　　）渴了，想喝（　　　　　）水。

第 14 课

文 法

1 "要么~，要么…"

B-23
A 要么去韩国，要么去台湾，你决定吧。
Yàome qù Hánguó, yàome qù Táiwān, nǐ juédìng ba.

B 他每天要么吃鱼，要么吃肉，很少吃蔬菜。
Tā měitiān yàome chī yú, yàome chī ròu, hěn shǎo chī shūcài.

"要么~，要么…" 「~するか，または…する」

▶二つのうちどちらかであることを表す。

2 助動詞 "得"

B-24
A 你得交停车费。 Nǐ děi jiāo tíngchēfèi.
B 我得去图书馆还书。 Wǒ děi qù túshūguǎn huán shū.
C 已经这么晚了，我得回去了。 Yǐjīng zhème wǎn le, wǒ děi huíqu le.

"得"＋動詞（句）

▶"得"は必要，義務を表す。「~せざるを得ない。~しなければならない」
▶否定形は"不用"。「~する必要がない。~しなくてもよい」
　你不用交停车费。
▶助動詞はふつう「肯定形＋否定形」で反復疑問文を作ることができるが，"得"は反復疑問文を作ることができない。
　〇我得交停车费吗？　　✕我得不得交停车费？

3 "不管～，都…"

B-25　A　不管多冷，他都不穿大衣。　　Bùguǎn duō lěng, tā dōu bù chuān dàyī.

B　不管什么天气，她都得接送孩子。
Bùguǎn shénme tiānqì, tā dōu děi jiēsòng háizi.

C　不管他怎么解释，我都不能相信他。
Bùguǎn tā zěnme jiěshì, wǒ dōu bù néng xiāngxìn tā.

"不管～，都…"　「～であろうと，（すべて）…」

▶どのような場合でも，結論に変わりがないことを表す。

新出語句

B-26

韩国	Hánguó	名 韓国
很少～	hěn shǎo	めったに～しない
交	jiāo	動 渡す。支払う
停车费	tíngchēfèi	名 駐車代
还	huán	動 返却する
晚	wǎn	形 （時刻が）遅い
多	duō	副 どんなに
大衣	dàyī	名 オーバーコート
接送	jiēsòng	動 送り迎えする
解释	jiěshì	動 釈明する
相信	xiāngxìn	動 信じる
实习	shíxí	動 インターンシップをする
感觉	gǎnjué	名 感触
替～	tì	動 ～に代わる
客人	kèren	名 お客

取号	qǔ hào	番号札を取る
填表	tiánbiǎo	動 表を書き埋める
没办法	méi bànfǎ	しかたがない
公司	gōngsī	名 会社
实习生	shíxíshēng	名 インターン
～种	zhǒng	量 ～種（種類を数える）
杂事	záshì	名 雑用
通过	tōngguò	前 ～を通して
认识	rènshi	名 認識。考え
职员	zhíyuán	名 職員。社員
无拘无束	wújūwúshù	成 何の拘束もない。自由気ままである
丰富多彩	fēngfùduōcǎi	成 多彩である
可惜	kěxī	形 残念である

本 文

3年生の7月。夏休み、王勇（Wáng Yǒng）は銀行で実習をしています。
李華（Lǐ Huá）が状況を尋ねます。

B-27
B-28

李华：你 实习了 一个 星期 了，感觉 怎么样？
　　　Nǐ shíxíle yí ge xīngqī le, gǎnjué zěnmeyàng?

王勇：要么 替 客人 取 号，要么 教 客人 填表，很 单调。
　　　Yàome tì kèren qǔ hào, yàome jiāo kèren tiánbiǎo, hěn dāndiào.

李华：没 办法，不管 什么 公司，实习生 都 得 做 这 种 杂事。
　　　Méi bànfǎ, bùguǎn shénme gōngsī, shíxíshēng dōu děi zuò zhèi zhǒng záshì.

王勇：通过 这 次 实习 我 有了 一个 新 的 认识。
　　　Tōngguò zhèi cì shíxí wǒ yǒule yí ge xīn de rènshi.

李华：什么 新 的 认识？
　　　Shénme xīn de rènshi?

王勇：大学生 比 公司 职员 幸福 多了。
　　　Dàxuéshēng bǐ gōngsī zhíyuán xìngfú duōle.

李华：那 当然。大学 生活 无拘无束、丰富多彩。
　　　Nà dāngrán. Dàxué shēnghuó wújūwúshù, fēngfùduōcǎi.

王勇：可惜 只 剩下 一年 的 时间 了。
　　　Kěxī zhǐ shèngxià yì nián de shíjiān le.

ドリル

1 まず質問文を書き取り，次に本文の内容に基づき中国語で答えなさい。

B-29

① 質問：＿＿＿＿＿＿＿＿＿＿＿＿＿＿＿＿＿　答え：＿＿＿＿＿＿＿＿＿＿＿

② 質問：＿＿＿＿＿＿＿＿＿＿＿＿＿＿＿＿＿　答え：＿＿＿＿＿＿＿＿＿＿＿

③ 質問：＿＿＿＿＿＿＿＿＿＿＿＿＿＿＿＿＿　答え：＿＿＿＿＿＿＿＿＿＿＿

2 日本語の意味に合うように，（　）内の語句を並べ替えなさい。

① 私は日曜日テレビを見るか，または本を読むかで，めったに外出しません。
（少　电视　要么　出门　我　星期天　看　看　要么　书　很）

＿＿＿＿＿＿＿＿＿＿＿＿＿＿＿＿＿＿＿＿＿＿＿＿＿＿＿＿＿＿＿＿＿＿＿＿＿

② 私はお金を彼に返さなければなりません。
（得　给　把　他　我　还　钱）

＿＿＿＿＿＿＿＿＿＿＿＿＿＿＿＿＿＿＿＿＿＿＿＿＿＿＿＿＿＿＿＿＿＿＿＿＿

③ どんなに忙しくても，彼は来るはずです。
（来　都　忙　的　会　多　他　不管）

＿＿＿＿＿＿＿＿＿＿＿＿＿＿＿＿＿＿＿＿＿＿＿＿＿＿＿＿＿＿＿＿＿＿＿＿＿

3 （　）内に，"的"（de），"地"（de），"得"（de / děi）のいずれかを入れなさい。

① 他走（　）很快。

② 他是一九四九年出生（　）。

③ 我们（　）认真（　）工作。

④ 他字写（　）很小，你看（　）清楚吗？

⑤ 这儿（　）东西比那儿（　）贵（　）多。

⑥ 你听（　）懂他说（　）话吗？

第 15 课

文　法

1　副詞 "又"

B-30
A　他们又吵架了。　　　　　　　　　Tāmen yòu chǎojià le.
B　这个菜又咸又辣，太难吃了。　　　Zhèige cài yòu xián yòu là, tài nánchī le.

"又～了"　「また～した」
▶すでに繰り返されたことを表す。
▶これから繰り返すことを表すときには，"再"を用いる。「また～する」
　　我明天再来。

"又～又…"　「～でもあり…でもある」
▶二つの状態が同時にあることを表す。

2　副詞 "就" と "才"

B-31
A　我昨天两点半就下课了。　　　　　Wǒ zuótiān liǎng diǎn bàn jiù xiàkè le.
B　这儿就是天安门广场。　　　　　　Zhèr jiù shì Tiān'ānmén guǎngchǎng.
C　他去，我就不去。　　　　　　　　Tā qù, wǒ jiù bú qù.
D　我发完了电子邮件，就睡觉。　　　Wǒ fāwánle diànzǐ yóujiàn, jiù shuìjiào.
E　他五十九岁才结婚。　　　　　　　Tā wǔshijiǔ suì cái jiéhūn.

▶"就"の用法
　①話し手がその時点，時間量を早い，短いと感じたときに用いる。「早くも。とっくに」
　②肯定を強調する。「まさに」
　③前の節の条件を受けて結論を出す。「～ならば…である」
　④二つの物事が引き続いて発生することを表す。「～するとすぐに…」
▶"才"の用法
　①話し手がその時点，時間量を遅い，長いと感じたときに用いる。すでに発生したことであっても文末の"了"は不要。「やっと。ようやく」

3 "除了~以外"

B-32　A　我今天除了第一节以外，都有课。
　　　　　Wǒ jīntiān chúle dì yī jié yǐwài, dōu yǒu kè.

　　　B　除了我以外，他也没有北京户口。
　　　　　Chúle wǒ yǐwài, tā yě méiyǒu Běijīng hùkǒu.

　　　C　他除了麻婆豆腐以外，还会做青椒肉丝。
　　　　　Tā chúle mápó dòufu yǐwài, hái huì zuò qīngjiāo ròusī.

　　　"除了~以外"　「～を除いて。～のほかに」
　　　▶後に続く節に"都"があると排除関係「～を除いてすべて…」、"也"があると添加関係「～のほかに…も」、"还"があると添加関係「～のほかにさらに…」を表す。

4 "~什么的"

B-33　A　我买了一些日用品，比如牙刷、牙膏、毛巾、肥皂什么的。
　　　　　Wǒ mǎile yìxiē rìyòngpǐn, bǐrú yáshuā, yágāo, máojīn, féizào shénmede.

　　　B　北京有很多名牌大学，除了北京大学以外，还有清华大学、中国人民大学什么的。
　　　　　Běijīng yǒu hěn duō míngpái dàxué, chúle Běijīng dàxué yǐwài, hái yǒu Qīnghuá dàxué, Zhōngguó rénmín dàxué shénmede.

　　　"~什么的"　「～などなど」
　　　▶一つまたは列挙されたいくつかの物事の後につけ、「その類の物事」を表す。

本 文

第4学年9月。中秋節が来ました。王勇（Wáng Yǒng）の日記です。

B-34
B-35

一年一度的中秋节又到了。由于学校里没有太多的节日
Yì nián yí dù de Zhōngqiūjié yòu dào le. Yóuyú xuéxiàoli méiyǒu tài duō de jiérì

气氛，所以早上看了朋友发来的祝福，才想起今天就是中秋节。
qìfen, suǒyǐ zǎoshang kànle péngyou fālai de zhùfú, cái xiǎngqǐ jīntiān jiù shì Zhōngqiūjié.

记得小时候，每年中秋节，爸爸都亲自下厨房，给我们做
Jìde xiǎoshíhou, měinián Zhōngqiūjié, bàba dōu qīnzì xià chúfáng, gěi wǒmen zuò

很多菜。一家人围着一个不大的木桌，又说又笑，非常开心。
hěn duō cài. Yìjiārén wéizhe yí ge bú dà de mùzhuō, yòu shuō yòu xiào, fēicháng kāixīn.

饭后，妈妈把我最期待的月饼拿出来，让我尽情地吃。
Fànhòu, māma bǎ wǒ zuì qīdài de yuèbing náchūlai, ràng wǒ jìnqíng de chī.

现在的月饼种类很多，除了传统的月饼以外，还有
Xiànzài de yuèbing zhǒnglèi hěn duō, chúle chuántǒng de yuèbing yǐwài, hái yǒu

咖啡馅儿、草莓馅儿什么的。包装也很豪华。可是不知为什么，
kāfēi xiànr, cǎoméi xiànr shénmede. Bāozhuāng yě hěn háohuá. Kěshì bù zhī wèi shénme,

再好的月饼也没有小时候的好吃了。
zài hǎo de yuèbing yě méiyǒu xiǎoshíhou de hǎochī le.

新出語句

B-36

吵架	chǎojià	動	口げんかをする
咸	xián	形	塩辛い
难吃	nánchī	形	（食べて）まずい
天安门广场	Tiān'ānmén guǎngchǎng	名	天安門広場
发	fā	動	（電子メールなどを）出す
电子邮件	diànzǐ yóujiàn	名	電子メール
户口	hùkǒu	名	戸籍
麻婆豆腐	mápó dòufu	名	マーボー豆腐
青椒肉丝	qīngjiāo ròusī	名	チンジャオロース
比如	bǐrú	接	たとえば
牙刷	yáshuā	名	歯ブラシ
牙膏	yágāo	名	練り歯磨き
毛巾	máojīn	名	タオル
肥皂	féizào	名	石けん
名牌	míngpái	名	名門
中秋节	Zhōngqiūjié	名	中秋節
节日	jiérì	名	祝日
气氛	qìfēn	名	雰囲気
想起	xiǎngqǐ	動	思い起こす
记得	jìde	動	覚えている
亲自	qīnzì	副	自ら
下	xià	動	（ある場所に）入る
厨房	chúfáng	名	台所
木桌	mùzhuō	名	木のテーブル
开心	kāixīn	形	楽しい
月饼	yuèbing	名	月餅
尽情	jìnqíng	副	思う存分
种类	zhǒnglèi	名	種類
传统	chuántǒng	形	伝統的である
馅儿	xiànr	名	餡
豪华	háohuá	形	豪華である
可是	kěshì	接	しかし
知	zhī	動	わかる
再	zài	副	さらに。もっと

第 16 课

文 法

1 疑問詞＋"都 / 也"～

B-37　A　最近什么都在涨价。　　　　　Zuìjìn shénme dōu zài zhǎngjià.

　　　B　这件事儿谁都知道。　　　　　Zhèi jiàn shìr shéi dōu zhīdào.

　　　C　这本书现在哪儿也买不到。　　Zhèi běn shū xiànzài nǎr yě mǎibudào.

> 疑問詞＋"都 / 也"～　　「…（で）も（すべて）～」
>
> ▶「何でも／誰でも／どこでも～だ」（肯定形），「何も／誰も／どこも～ない」（否定形）のように，「例外がなくすべて」ということを強調する。
>
> ▶"都"は肯定文でも否定文でも用いられるが，"也"は主に否定文で用いられる。

2 "要是 / 如果～（的话），（就）…"

B-38　A　要是你先到了的话，就在检票口等我。
　　　　　Yàoshi nǐ xiān dàole dehuà, jiù zài jiǎnpiàokǒu děng wǒ.

　　　B　如果他不同意，怎么办？　　Rúguǒ tā bù tóngyì, zěnme bàn?

> "要是 / 如果～（的话），（就）…"　　「もし～ならば，…」
>
> ▶仮定を表す。

3　離合動詞

B-39
A　他昨天打了两个小时工。　　Tā zuótiān dǎle liǎng ge xiǎoshí gōng.

B　我每天洗一次澡，洗两次脸，刷三次牙。

　　Wǒ měitiān xǐ yí cì zǎo, xǐ liǎng cì liǎn, shuā sān cì yá.

C　他们从来没有打过架。　　Tāmen cónglái méiyǒu dǎguo jià.

D　咱们一起去跑跑步吧。　　Zánmen yìqǐ qù pǎopao bù ba.

E　今天早上我是五点三刻起的床。

　　Jīntiān zǎoshang wǒ shì wǔ diǎn sān kè qǐ de chuáng.

▶「動詞＋目的語」構造になっている動詞を「離合動詞」という。

▶時間量補語，動作量補語，"了""过"などは，二文字の間に入れる。

▶離合動詞を重ね型にする場合は，前の一文字のみを重ねる。
　　〇 跑跑步　　　　　✕ 跑步跑步

▶後に目的語を置くことができない。
　　✕ 我想结婚他。　　〇 我想跟他结婚。

その他の離合動詞

B-40
睡觉 shuìjiào（眠る）　　　睡八个小时觉 shuì bā ge xiǎoshí jiào

放假 fàngjià（休みになる）　　放一个星期假 fàng yí ge xīngqī jià

离婚 líhūn（離婚する）　　　离过婚 líguo hūn

见面 jiànmiàn（会う）　　　见过面 jiànguo miàn

游泳 yóuyǒng（泳ぐ）　　　游游泳 yóuyou yǒng

跳舞 tiàowǔ（踊る）　　　　跳跳舞 tiàotiao wǔ

新出語句

B-41
涨价　zhǎngjià　動　値上がりする
～件　jiàn　量　～つ。～件（事柄を数える）
事儿　shìr　名　こと
检票口　jiǎnpiàokǒu　名　改札口
怎么办　zěnme bàn　どうするか
从来＋否定形　cónglái　副　これまでずっと～したことがない
打架　dǎjià　動　つかみ合いのけんかをする
跑步　pǎobù　動　ジョギングする
食欲　shíyù　名　食欲

头　tóu　名　頭
疼　téng　形　痛い
也许　yěxǔ　副　もしかしたら～かもしれない
感冒药　gǎnmàoyào　名　風邪薬
预报　yùbào　名　予報
气温　qìwēn　名　気温
降　jiàng　動　下がる
小心　xiǎoxīn　動　気をつける
再　zài　副　（～して）それから
一会儿　yìhuǐr　ちょっとの間。しばらく

第16课

本　文

4年生の10月。李華（Lǐ Huá）と王勇（Wáng Yǒng）は学生食堂で昼食を食べています。

B-42　李华：你怎么剩下这么多菜？
B-43　　　　Nǐ zěnme shèngxià zhème duō cài?

王勇：我今天没有食欲，什么也不想吃。
　　　Wǒ jīntiān méiyǒu shíyù, shénme yě bù xiǎng chī.

李华：是不是哪儿不舒服？
　　　Shì bu shì nǎr bù shūfu?

王勇：头有点儿疼，也许感冒了。
　　　Tóu yǒudiǎnr téng, yěxǔ gǎnmào le.

李华：有感冒药吗？要是没有的话，我就去给你拿。
　　　Yǒu gǎnmàoyào ma? Yàoshi méiyǒu dehuà, wǒ jiù qù gěi nǐ ná.

王勇：不用，我有。
　　　Búyòng, wǒ yǒu.

李华：天气预报说，今天晚上最低气温降到八度左右，你得小心。
　　　Tiānqì yùbào shuō, jīntiān wǎnshang zuìdī qìwēn jiàngdào bā dù zuǒyòu, nǐ děi xiǎoxīn.

王勇：好。我觉得吃点儿药，再睡会儿觉，就能好。
　　　Hǎo.　Wǒ juéde chī diǎnr yào, zài shuì huǐr jiào, jiù néng hǎo.

ドリル

1 まず質問文を書き取り，次に本文の内容に基づき中国語で答えなさい。

B-44　① 質問：＿＿＿＿＿＿＿＿＿＿＿＿＿＿＿＿＿＿　答え：＿＿＿＿＿＿＿＿＿

② 質問：＿＿＿＿＿＿＿＿＿＿＿＿＿＿＿＿＿＿　答え：＿＿＿＿＿＿＿＿＿

③ 質問：＿＿＿＿＿＿＿＿＿＿＿＿＿＿＿＿＿＿　答え：＿＿＿＿＿＿＿＿＿

2 日本語の意味に合うように，（ ）内の語句を並べ替えなさい。

① 私は昨日少し疲れを感じたので，どこへも行きませんでした。
（我　哪儿　有点儿　没　去　昨天　累　觉得　也）

＿＿＿＿＿＿＿＿＿＿＿＿＿＿＿＿＿＿＿＿＿＿＿＿＿＿＿＿＿＿＿＿＿＿

② もし完食できなければ，私たちは残った料理をパックに詰めて持ち帰りましょう。
（打包　吧　就　的　把　要是　吃完　不　菜　带　我们　剩下　回去）

＿＿＿＿＿＿＿＿＿＿＿＿＿＿＿＿＿＿＿＿＿＿＿＿＿＿＿＿＿＿＿＿＿＿

③ あなたは彼らがいつ離婚したのか知っていますか。
（时候　知道　婚　是　吗　什么　离　你　的　他们）

＿＿＿＿＿＿＿＿＿＿＿＿＿＿＿＿＿＿＿＿＿＿＿＿＿＿＿＿＿＿＿＿＿＿

3 日本語の意味に合うように，中国語の誤りを直しなさい。

① 我们见面过一次。【私たちは一度会ったことがある。】

＿＿＿＿＿＿＿＿＿＿＿＿＿＿＿＿＿＿＿＿＿＿＿＿＿＿＿＿＿＿＿＿＿＿

② 请帮忙帮忙。【ちょっと助けてください。】

＿＿＿＿＿＿＿＿＿＿＿＿＿＿＿＿＿＿＿＿＿＿＿＿＿＿＿＿＿＿＿＿＿＿

③ 他每天八个小时上班。【彼は毎日八時間勤務する。】

＿＿＿＿＿＿＿＿＿＿＿＿＿＿＿＿＿＿＿＿＿＿＿＿＿＿＿＿＿＿＿＿＿＿

④ 她跳舞得很好。【彼女は踊るのが上手です。】

＿＿＿＿＿＿＿＿＿＿＿＿＿＿＿＿＿＿＿＿＿＿＿＿＿＿＿＿＿＿＿＿＿＿

⑤ 他们吵架起来了。【彼らは口げんかを始めた。】

＿＿＿＿＿＿＿＿＿＿＿＿＿＿＿＿＿＿＿＿＿＿＿＿＿＿＿＿＿＿＿＿＿＿

第 17 课

文法

1 副詞 "难怪"

B-45
A 他在巴黎留过五年学，难怪他能说一口流利的法语。
　　Tā zài Bālí liúguo wǔ nián xué, nánguài tā néng shuō yì kǒu liúlì de Fǎyǔ.

B 今天是端午节，难怪很多人买粽子。
　　Jīntiān shì Duānwǔjié, nánguài hěn duō rén mǎi zòngzi.

C 难怪他们长得很像，他们是兄弟。
　　Nánguài tāmen zhǎng de hěn xiàng, tāmen shì xiōngdì.

"难怪〜"　「道理で〜なのも無理はない。道理で〜なわけだ」
▶原因や理由がわかって納得したことを表す。

2 存現文

B-46
A 床上放着一台平板电脑。　　Chuángshang fàngzhe yì tái píngbǎn diànnǎo.
B 昨天来了两位客人。　　　　Zuótiān láile liǎng wèi kèren.
C 树上飞走了几只鸟。　　　　Shùshang fēizǒule jǐ zhī niǎo.

場所・時間＋動詞＋付加成分＋人・物

▶人・物の存在・出現・消失を表す文を「存現文」という。
▶動詞の後には "着" "了"，結果補語，方向補語などの付加成分を伴う。
▶目的語の「人・物」は動作の主体で，不特定のもの。
　　✗床上放着你的平板电脑。　　✗昨天来了我的客人。

3 自然現象

B-47
A 这儿经常下雪。　　　Zhèr jīngcháng xià xuě.
B 今天刮着大风呢。　　Jīntiān guāzhe dàfēng ne.
C 现在又打雷又下雨，最好别出门。
　　Xiànzài yòu dǎ léi yòu xià yǔ, zuìhǎo bié chūmén.

▶自然現象を表す表現には，"下雨"（雨が降る），"下雪"（雪が降る），"打雷"（雷が鳴る），"刮风"（風が吹く）などがある。

▶自然現象を表す文も，存現文と同じように，目的語の位置にあるものが動作の主体となっている。

新出語句

B-48
巴黎　Bālí　名　パリ
一口　yì kǒu　流ちょうである，なまりがないなどの言語能力についていう場合に用いる
端午节　Duānwǔjié　名　端午の節句
粽子　zòngzi　名　ちまき
长　zhǎng　動　成長する
像　xiàng　動　似ている
兄弟　xiōngdì　名　兄弟
放　fàng　動　置く
平板电脑　píngbǎn diànnǎo　名　タブレットPC
～位　wèi　量　～人。～名（敬意を込めて人を数える）
～只　zhī　量　～羽。～匹（動物を数える）
鸟　niǎo　名　鳥
确实　quèshí　副　確かに

屏幕　píngmù　名　スクリーン
音响　yīnxiǎng　名　音響
但　dàn　接　しかし
碰到　pèngdào　動+結補　出くわす
大声　dàshēng　動　声を大きくする
天上　tiānshàng　名　空
出现　chūxiàn　動　現れる
黑云　hēi yún　黒い雲
糟糕　zāogāo　形　大変だ。しまった。事柄や状況がとても悪いときに用いる
避　bì　動　避ける
欸　ēi　感　ねえ。呼びかけや注意喚起を表す
那边　nàbian / nèibian　代　あちら
干脆　gāncuì　副　いっそのこと
打车　dǎchē　動　タクシーを拾う。タクシーに乗る

第17课　71

本 文

4年生の11月。王勇（Wáng Yǒng）はいつもパソコンで映画を見ていますが，李華（Lǐ Huá）に誘われて久しぶりに映画館へ行きました。帰り道，二人は歩きながら話しています。

B-49　王勇：在电影院看电影感觉确实不一样。
B-50　　　　Zài diànyǐngyuàn kàn diànyǐng gǎnjué quèshí bù yíyàng.

李华：那当然。电影院屏幕大，音响也好。
　　　Nà dāngrán. Diànyǐngyuàn píngmù dà, yīnxiǎng yě hǎo.

王勇：难怪你经常去电影院。
　　　Nánguài nǐ jīngcháng qù diànyǐngyuàn.

李华：但有时候你会碰到玩儿手机的、大声说话的……
　　　Dàn yǒushíhou nǐ huì pèngdào wánr shǒujī de、dàshēng shuōhuà de……

（天上出现了黑云。Tiānshàng chūxiànle hēi yún.）

王勇：糟糕！下起雨来了。咱们找个地方避避雨吧。
　　　Zāogāo! Xiàqǐ yǔ lai le. Zánmen zhǎo ge dìfang bìbi yǔ ba.

李华：欸，你看，那边开过来了一辆出租车。
　　　Ēi, nǐ kàn, nèibian kāiguòlaile yí liàng chūzūchē.

王勇：那咱们干脆打车回去吧。
　　　Nà zánmen gāncuì dǎchē huíqu ba.

> ドリル

1 まず質問文を書き取り，次に本文の内容に基づき中国語で答えなさい。

① 質問：＿＿＿＿＿＿＿＿＿＿＿＿＿＿＿＿＿　答え：＿＿＿＿＿＿＿＿＿＿

② 質問：＿＿＿＿＿＿＿＿＿＿＿＿＿＿＿＿＿　答え：＿＿＿＿＿＿＿＿＿＿

③ 質問：＿＿＿＿＿＿＿＿＿＿＿＿＿＿＿＿＿　答え：＿＿＿＿＿＿＿＿＿＿

2 日本語の意味に合うように，（　）内の語句を並べ替えなさい。

① まもなく試験です。道理で図書館に多くの人が座っているわけです。
（着　人　图书馆　考试　难怪　坐　多　了　快要　很　里）

② 昨日私たちのクラスから留学生が一人去って行った。
（留学生　我们　走　昨天　个　了　班　一）

③ 外は雨が降りそうです。あなたは傘を持ってきましたか。
（来　要　没有　带　外边　了　你　雨　下　了　伞）

3 （　）内に，"了""过""着"のいずれかを入れなさい。

① 他戴（　　）一块很贵的手表。

② 我没跟她见（　　）面。

③ 我打算毕（　　）业就结婚。

④ 他哭（　　）回来了。

⑤ 前边儿走过来（　　）一个人。

⑥ 那儿站（　　）很多人。

第 18 课

文 法

1　副詞 "刚"

B-52　A　这家火锅店刚开业。　　Zhèi jiā huǒguōdiàn gāng kāiyè.
　　　B　他的病刚好，还不能工作。　Tā de bìng gāng hǎo, hái bù néng gōngzuò.
　　　C　我昨天刚从重庆回来。　　Wǒ zuótiān gāng cóng Chóngqìng huílai.

"刚～"　「～したばかりである」
▶ある動作や状態が生じて間もないことを表す。
▶すでに発生したことであっても文末の"了"は不要。
　　✕ 这家火锅店刚开业了。

2　副詞 "却"

B-53　A　这几天气温很高，他却不开空调。
　　　　　Zhè jǐ tiān qìwēn hěn gāo, tā què bù kāi kōngtiáo.
　　　B　他是小学生，身高却有一米六八。
　　　　　Tā shì xiǎoxuéshēng, shēngāo què yǒu yì mǐ liù bā.
　　　C　他最讨厌运动，他的身体却很健康。
　　　　　Tā zuì tǎoyàn yùndòng, tā de shēntǐ què hěn jiànkāng.

"却"　「～だが。ところが」
▶逆接を表す。話し手の意外に感じる気持ちを含んでいる。

3 副詞 "并"

A 那家店的寿司很贵，但是并不好吃。
　　Nèi jiā diàn de shòusī hěn guì, dànshì bìng bù hǎochī.

B 他很有钱，但是他住的房子并不大。
　　Tā hěn yǒuqián, dànshì tā zhù de fángzi bìng bú dà.

C 我并没有说过你的坏话。
　　Wǒ bìng méiyǒu shuōguo nǐ de huàihuà.

"并"＋否定形　「決して〜ない」

▶ "并"は否定の語気を強め，実際の状況が，予想や一般的認識と異なることを説明するときに用いる。

新出語句

火锅店　huǒguōdiàn　图 火鍋店
开业　kāiyè　動 開業する
重庆　Chóngqìng　图 重慶
开　kāi　動 つける。スイッチを入れる
身高　shēngāo　图 身長
讨厌　tǎoyàn　動 嫌う
运动　yùndòng　動 運動する
坏话　huàihuà　图 悪口
微信　Wēixìn　图 WeChat。中国のSNS
笔试　bǐshì　動 筆記試験をする

通过　tōngguò　動 通過する。合格する
上周　xiàzhou　图 先週
面试　miànshì　動 面接試験をする
室友　shìyǒu　图 ルームメイト
刘利　Liú Lì　图 劉利（氏名）
投简历　tóu jiǎnlì　簡略版履歴書を送る
石沉大海　shíchéndàhǎi　成 梨のつぶて
技巧　jìqiǎo　图 テクニック
找　zhǎo　動 訪ねる

> 本 文

4年生の12月。王勇（Wáng Yǒng）は就職活動中です。李華（Lǐ Huá）は"微信"（Wēixìn）で状況を尋ねます。

B-56 李华：你上个月参加的银行笔试，结果出来了吗？
B-57　　　Nǐ shàngge yuè cānjiā de yínháng bǐshì, jiéguǒ chūlai le ma?

王勇：刚出来，通过了。下周面试。
　　　Gāng chūlai, tōngguò le.　Xiàzhōu miànshì.

李华：你知道我的室友刘利吗？
　　　Nǐ zhīdào wǒ de shìyǒu Liú Lì ma?

王勇：知道。
　　　Zhīdào.

李华：她也给银行投了很多简历，却都石沉大海。
　　　Tā yě gěi yínháng tóule hěn duō jiǎnlì, què dōu shíchéndàhǎi.

王勇：写简历并不是一件简单的事儿，需要很多技巧。
　　　Xiě jiǎnlì bìng bú shì yí jiàn jiǎndān de shìr, xūyào hěn duō jìqiǎo.

李华：那你能教教她怎么写吗？
　　　Nà nǐ néng jiāojiao tā zěnme xiě ma?

王勇：没问题。让她来找我吧。
　　　Méi wèntí.　Ràng tā lái zhǎo wǒ ba.

ドリル

1 まず質問文を書き取り，次に本文の内容に基づき中国語で答えなさい。

B-58
① 質問：＿＿＿＿＿＿＿＿＿＿＿＿＿＿＿＿＿＿＿　答え：＿＿＿＿＿＿＿＿＿＿＿＿

② 質問：＿＿＿＿＿＿＿＿＿＿＿＿＿＿＿＿＿＿＿　答え：＿＿＿＿＿＿＿＿＿＿＿＿

③ 質問：＿＿＿＿＿＿＿＿＿＿＿＿＿＿＿＿＿＿＿　答え：＿＿＿＿＿＿＿＿＿＿＿＿

2 日本語の意味に合うように，（ ）内の語句を並べ替えなさい。

① あなたは食べ終わったばかりなのに，どうしてまたお腹がすいたのですか。
（你 了 完 怎么 饭 刚 饿 又 吃）

＿＿＿＿＿＿＿＿＿＿＿＿＿＿＿＿＿＿＿＿＿＿＿＿＿＿＿＿＿＿＿＿＿＿＿＿＿

② この問題は決して難しくありませんが，彼は答えることができませんでした。
（他 并 回答 huídá 出来 问题 这个 却 不 不 难）

＿＿＿＿＿＿＿＿＿＿＿＿＿＿＿＿＿＿＿＿＿＿＿＿＿＿＿＿＿＿＿＿＿＿＿＿＿

③ 私が買った車は決してあなたのものほど高くはありません。
（汽车 的 贵 并 买 没有 你 我 的）

＿＿＿＿＿＿＿＿＿＿＿＿＿＿＿＿＿＿＿＿＿＿＿＿＿＿＿＿＿＿＿＿＿＿＿＿＿

3 日本語の意味に合うように，中国語の誤りを直しなさい。

① 这张桌子比那张有点儿小。【このテーブルはあれよりも少し小さいです。】

＿＿＿＿＿＿＿＿＿＿＿＿＿＿＿＿＿＿＿＿＿＿＿＿＿＿＿＿＿＿＿＿＿＿＿＿＿

② 他们怎么现在才来了？【彼らはどうしていまやっと来たのですか。】

＿＿＿＿＿＿＿＿＿＿＿＿＿＿＿＿＿＿＿＿＿＿＿＿＿＿＿＿＿＿＿＿＿＿＿＿＿

③ 你把他的名字想知道吗？【あなたは彼の名前を知りたいですか。】

＿＿＿＿＿＿＿＿＿＿＿＿＿＿＿＿＿＿＿＿＿＿＿＿＿＿＿＿＿＿＿＿＿＿＿＿＿

④ 我们学校有千二十个学生。【私たちの学校には学生が千二十人います。】

＿＿＿＿＿＿＿＿＿＿＿＿＿＿＿＿＿＿＿＿＿＿＿＿＿＿＿＿＿＿＿＿＿＿＿＿＿

⑤ 你们都是不是中国人留学生？【あなたたちはみんな中国人留学生ですか。】

＿＿＿＿＿＿＿＿＿＿＿＿＿＿＿＿＿＿＿＿＿＿＿＿＿＿＿＿＿＿＿＿＿＿＿＿＿

文 法

1 疑問詞の呼応用法

B-59　A　你去哪儿，我就去哪儿。　　　　　Nǐ qù nǎr, wǒ jiù qù nǎr.

　　　B　你什么时候方便，就什么时候来吧。

　　　　　Nǐ shénme shíhou fāngbiàn, jiù shénme shíhou lái ba.

　　　C　谁有问题，谁就问，不用客气。　　Shéi yǒu wèntí, shéi jiù wèn, búyòng kèqi.

疑問詞〜（+"就"）+同じ疑問詞…

▶同じ疑問詞を用い，前の疑問詞が示す不定のものを，後の疑問詞が受けて示す。

▶Aは「あなたがどこかへ行くならば，私もそのどこかへ行く」という意味。自然な訳は「あなたが行く所へ私も行く」。

2 反語の表現 "哪能〜"

B-60　A　这么重要的消息我哪能不告诉他？

　　　　　Zhème zhòngyào de xiāoxi wǒ nǎ néng bú gàosu tā?

　　　B　他那么胖，哪能穿中号的衣服呢？

　　　　　Tā nàme pàng, nǎ néng chuān zhōnghào de yīfu ne?

　　　C　吃饭的时候，哪能喝凉水？

　　　　　Chī fàn de shíhou, nǎ néng hē liángshuǐ?

"哪能"+動詞（句）（+"呢"）　「どうして〜できようか（いやとてもできはしない）」

▶反語は，表面と裏返しの真意を強調する表現。否定の形で強い肯定を，肯定の形で強い否定を言う。

▶"哪能"は"怎能"に置き換え可能。

3 補語のまとめ

B-61

A 她太紧张了，一晚上醒了三次。
　　Tā tài jǐnzhāng le, yì wǎnshang xǐngle sān cì.　　　　　　動作量補語（→第1課）

B 为了今天的报告，她准备了一个星期。
　　Wèile jīntiān de bàogào, tā zhǔnbèile yí ge xīngqī.　　　　時間量補語（→第4課）

C 她今天作口头报告作得非常精彩。
　　Tā jīntiān zuò kǒutóu bàogào zuò de fēicháng jīngcǎi.　　　状態補語（→第5課）

D 她今晚肯定能睡好。
　　Tā jīnwǎn kěndìng néng shuìhǎo.　　　　　　　　　　　　結果補語（→第6課）

E 她高兴地从教室里走出来了。
　　Tā gāoxìng de cóng jiàoshìli zǒuchūlai le.　　　　　　　　方向補語（→第9課）

F 回宿舍后发现U盘找不到了，可能忘在教室里了。
　　Huí sùshè hòu fāxiàn yōupán zhǎobudào le, kěnéng wàngzài jiàoshìli le.

　　　　　　　　　　　　　　　　　　　　　　　　　　　　　可能補語（→第12課）

新出語句

B-62

方便	fāngbiàn	形	都合がよい
客气	kèqi	動	遠慮する
消息	xiāoxi	名	ニュース
中号	zhōnghào	名	Mサイズ
凉水	liángshuǐ	名	冷たい水
一晚上	yì wǎnshang		一晚
醒	xǐng	動	目が覚める
报告	bàogào	名	発表
作	zuò	動	（ある活動を）する
口头	kǒutóu	名	口頭
精彩	jīngcǎi	形	見事である
肯定	kěndìng	副	きっと

发现	fāxiàn	動	気づく
U盘	yōupán	名	USBメモリー
可能	kěnéng	副	おそらく
请客	qǐngkè	動	おごる
随你	suí nǐ		あなたに任せる
珍珠奶茶	zhēnzhū nǎichá	名	タピオカミルクティー
行李	xíngli	名	荷物
差不多	chàbuduō	形	ほぼ十分である
行李箱	xínglixiāng	名	スーツケース
背包	bēibāo	名	リュックサック
早	zǎo	形	（時間的に）早い

本文

4年生の7月。李華（Lǐ Huá）は留学のために日本へ旅立つ前々日，王勇（Wáng Yǒng）を誘って喫茶店へ行きました。

B-63 李华：今天我请客，你想喝什么？
B-64 　　　Jīntiān wǒ qǐngkè, nǐ xiǎng hē shénme?

王勇：随你。你喝什么，我就喝什么。
　　　Suí nǐ. Nǐ hē shénme, wǒ jiù hē shénme.

李华：那咱们点珍珠奶茶吧。
　　　Nà zánmen diǎn zhēnzhū nǎichá ba.

（饮料上来了。Yǐnliào shànglai le.）

王勇：行李准备得怎么样了？
　　　Xíngli zhǔnbèi de zěnmeyàng le?

李华：差不多了。两个行李箱和一个背包。
　　　Chàbuduō le. Liǎng ge xínglixiāng hé yí ge bēibāo.

王勇：后天坐几点的飞机？
　　　Hòutiān zuò jǐ diǎn de fēijī?

李华：早上九点十分。时间很早，你不用去机场送我。
　　　Zǎoshang jiǔ diǎn shí fēn. Shíjiān hěn zǎo, nǐ búyòng qù jīchǎng sòng wǒ.

王勇：哪能不去呢？我一定去。
　　　Nǎ néng bú qù ne? Wǒ yídìng qù.

ドリル

1 まず質問文を書き取り，次に本文の内容に基づき中国語で答えなさい。

B-65
① 質問： _____　答え： _____
② 質問： _____　答え： _____
③ 質問： _____　答え： _____

2 日本語の意味に合うように，（ ）内の語句を並べ替えなさい。

① 私はあなたに欲しいものをあげます。
（给 你 哪个 哪个 我 就 要 你）

_____

② どうして彼女一人で行かせることができるでしょうか。
（呢 她 个 一 我 去 哪 叫 人 能）

_____

③ 住所を書き間違えたので，もう一度書かせてください。
（了 把 写 让 我 请 写 一 我 再 遍 地址 错）

_____

3 日本語の意味に合うように，中国語の誤りを直しなさい。

① 现在二点五分前。【いま二時五分前です。】

_____

② 他比我很大。【彼は私よりもずっと年上です。】

_____

③ 我毕业大学了。【私は大学を卒業した。】

_____

④ 下了课，就我去看电影。【授業が終わったら，私は映画を見に行きます。】

_____

⑤ 我刚学完第十一课了。【私は第十一課を学び終えたばかりです。】

_____

文法

1 "对~来说"

B-66　A　对我来说，这个问题并不难。
　　　　　Duì wǒ láishuō, zhèige wèntí bìng bù nán.

　　　B　对公司来说，这是一笔重要的收入。
　　　　　Duì gōngsī láishuō, zhè shì yì bǐ zhòngyào de shōurù.

> "对~来说"　「~にとっては。~にしてみれば」

2 "连~都／也…"

B-67　A　我连今天是自己的生日都忘了。
　　　　　Wǒ lián jīntiān shì zìjǐ de shēngrì dōu wàng le.

　　　B　她连万里长城也没去过。
　　　　　Tā lián Wànlǐ Chángchéng yě méi qùguo.

> "连~都／也…"　「~さえも…」

▶極端な例を挙げて強調する。
▶"都"は肯定文でも否定文でも用いられるが，"也"は主に否定文で用いられる。

3 "之所以~，是因为…"

B-68　A　我昨晚之所以没回家，是因为没赶上末班车。
　　　　　Wǒ zuówǎn zhīsuǒyǐ méi huí jiā, shì yīnwèi méi gǎnshang mòbānchē.

　　　B　郊外的空气之所以新鲜，是因为汽车比较少。
　　　　　Jiāowài de kōngqì zhīsuǒyǐ xīnxian, shì yīnwèi qìchē bǐjiào shǎo.

> "之所以~，是因为…"　「~であるのは，…であるからだ」

▶前の節で結果や結論を述べ，後の節で原因や理由を明らかにする。
▶"之所以"は主語の後に置く。

4 "既然~，就…"

B-69 A 既然决定了，我们就一定要做。
Jìrán juédìng le, wǒmen jiù yídìng yào zuò.

B 既然他承认了错误，我们就原谅他吧。
Jìrán tā chéngrènle cuòwù, wǒmen jiù yuánliàng tā ba.

"既然~，就…" 「～したからには，…。～である以上，…」
▶前の節ですでに実現したことや確実となった前提を述べ，後の節で結論を述べる。

5 "不是~，而是…"

B-70 A 我不是不想去，而是不能去。
Wǒ bú shì bù xiǎng qù, ér shì bù néng qù.

B 我想买的不是电扇，而是空调。
Wǒ xiǎng mǎi de bú shì diànshàn, ér shì kōngtiáo.

"不是~，而是…" 「～ではなく，…である」

本 文

卒業した年の翌年２月。李華（Lǐ Huá）は王勇（Wáng Yǒng）に"微信"を送り，日本で大学院に合格したことを報告します。

🔊 B-71
🔊 B-72

告诉你一个好消息，我考上研究生了。我的努力终于
Gàosu　　xiāoxi　　kǎoshang yánjiūshēng　　　　nǔlì zhōngyú

得到了回报。
dédàole huíbào

在日本的这半年，对我来说是最辛苦的半年。我把所有
　　　　　　　　　duì　　　zuì xīnkǔ　　　　　　suǒyǒu

的时间都用在学习上了。有时连吃饭的时候都在看书。我
　　　　　yòng　　　　　　　lián　　　shíhou

之所以这样拼命地学习，是因为我觉得，既然来留学，就要
zhīsuǒyǐ zhèyàng pīnmìng　　　　　juéde　jìrán

上一所高水平的大学。
　　　　shuǐpíng

我考上的大学不是在东京，而是在京都。京都是日本的
历史名城。那里有很多寺庙，也有很多大学，是个文化氛围
很浓的城市。四月，我将搬到京都，开始我的新生活。

新出語句

~笔　bǐ　量　~口。~つ（金銭に関するものを数える）
收入　shōurù　名　収入
万里长城　Wànlǐ Chángchéng　名　万里の長城
赶上　gǎnshang　動　間に合う
末班车　mòbānchē　名　終電。終バス
承认　chéngrèn　動　認める
原谅　yuánliàng　動　許す
电扇　diànshàn　名　扇風機
考上　kǎoshang　動　試験に合格する
研究生　yánjiūshēng　名　大学院生
得到　dédào　動　得る
回报　huíbào　動　報いる

辛苦　xīnkǔ　形　（心身ともに）つらい
所有　suǒyǒu　形　すべての
有时　yǒushí　副　時には
拼命　pīnmìng　副　懸命に
高水平　gāo shuǐpíng　高いレベル
名城　míngchéng　名　有名な都市
寺庙　sìmiào　名　寺院
氛围　fēnwéi　名　雰囲気
浓　nóng　形　濃厚である
城市　chéngshì　名　都市
将~　jiāng　副　まもなく~する。もうすぐ~になる
搬　bān　動　引っ越す

ブックマップ

初中級中国語文法の学習項目を，本テキストのどこで学んだかを示すものです。
細字は本テキストの見出し，数字は頁を表します。

文の種類

反語文	反語の表現 "哪能～"	78
複 文	"先～,然后…"	43
	"只要～,就…"	26
	"无论～还是…,都～"	30
	"由于～,所以…"	43
	"不仅～,而且…"	47
	"A是A,就是～"	54
	"要么～,要么…"	58
	"不管～,都…"	59
	"要是／如果～(的话),(就)…"	66
	"之所以～,是因为…"	82
	"既然～,就…"	83
	"不是～,而是…"	83

文の成分

述 語	助動詞 "会"	10
動詞述語文	助動詞 "可以"	26
	使役文	11
	存現文	70
	自然現象	71
	処置文	55
	受け身文	42
	比較（1）	50
	比較（2）	50
補 語	時間量補語	18
	動作量補語	6
	状態補語	22
	方向補語（1）単純方向補語	38
	方向補語（2）複合方向補語	39
	方向補語（3）方向補語の派生的用法	39
	結果補語	26
	可能補語	51
	補語のまとめ	79
連用修飾語	"地"	23

品詞

代詞		
	疑問詞+"都/也"～	66
	疑問詞・数詞の不定用法	31
	疑問詞の呼応用法	78
	反語の表現"哪能～"	78

数詞		
	100以上の数	34
	疑問詞・数詞の不定用法	31
	"有点儿"と"一点儿"	54
	"一点儿"+"也/都"+否定形	18

量詞		
	金額の言い方	35
	動作量補語	6
	"有点儿"と"一点儿"	54
	"一点儿"+"也/都"+否定形	18

動詞		
	動詞の重ね型	10
	離合動詞	67

助動詞		
	助動詞"要"	34
	助動詞"得"	58
	助動詞"应该"	14
	助動詞"会"	10
	反語の表現"哪能～"	78
	助動詞"可以"	26

前置詞		
	前置詞"离"	34
	"对～来说"	82
	前置詞"为了"	22
	"除了～以外"	63

副詞		
程度	"越～越…"	46
	"有点儿"と"一点儿"	54
時間	近い未来	14
	"一～就…"	19
	進行の"在""正""正在"	30
	"先～，然后…"	43
	副詞"就"と"才"	62
	副詞"刚"	74
範囲	"一点儿"+"也/都"+否定形	18
	副詞"就"と"才"	62
関連	"既～又…"	15
	"一点儿"+"也/都"+否定形	18
	"一边(儿)～，一边(儿)…"	42
	副詞"又"	62
	"连～都/也…"	82
語気	副詞"难怪"	70
	副詞"却"	74
	副詞"并"	75

接続詞		
	接続詞"因为"	7
	"只要～，就…"	26
	"无论～还是…，都～"	30
	"先～，然后…"	43
	"由于～，所以…"	43
	"不仅～，而且…"	47
	"A是A，就是～"	54
	"要么～，要么…"	58
	"不管～，都…"	59
	"要是/如果～(的话)，(就)…"	66
	"之所以～，是因为…"	82
	"既然～，就…"	83
	"不是～，而是…"	83

助詞		
	"地"	23
	経験の"过"	6
	持続の"着"	38
	"是～的"構文	46
	"～什么的"	63

ブックマップ　87

語句索引

各課の「新出語句」と「文法」の語句を，アルファベット順に並べました。数字は頁を表します。

A

啊	á	19
安静	ānjìng	15
安全带	ānquándài	27
熬夜	áoyè	7

B

巴黎	Bālí	71
白帽子	bái màozi	39
白天	báitiān	31
班	bān	45
搬	bān	85
帮忙	bāngmáng	23
傍晚	bàngwǎn	45
包饺子	bāo jiǎozi	31
保护	bǎohù	23
宝马	Bǎomǎ	35
报告	bàogào	79
背包	bēibāo	79
笔 图	bǐ	31
~笔 量	bǐ	85
比如	bǐrú	65
笔试	bǐshì	75
避	bì	71
必须~	bìxū	31
毕业	bìyè	15
变	biàn	19
并	bìng	75
不错	búcuò	7
不管~,都…	bùguǎn~, dōu	59
不过	búguò	11
不仅~,而且…	bùjǐn~, érqiě	47
不是~,而是…	bú shì~, ér shì	83
不要~	búyào	34
不用~	búyòng	34

C

才	cái	62
参加	cānjiā	11
餐厅	cāntīng	27
草莓	cǎoméi	19
查	chá	51
茶馆	Cháguǎn	35
差不多	chàbuduō	79
尝	cháng	11
吵架	chǎojià	65
陈波	Chén Bō	39
承认	chéngrèn	85
城市	chéngshì	85
迟到	chídào	15
冲动	chōngdòng	47
重庆	Chóngqìng	75
抽不出	chōubuchū	51
出差	chūchāi	51
出来	chūlai	39
出去	chūqu	39
出现	chūxiàn	71
厨房	chúfáng	65
除了~以外	chúle~ yǐwài	63
厨师	chúshī	11
穿	chuān	39
传统	chuántǒng	65
春天	chūntiān	45
聪明	cōngming	51
从来+否定形	cónglái	67
从小	cóngxiǎo	7
错	cuò	27

D

打包	dǎbāo	55
打车	dǎchē	71
打架	dǎjià	67
打雷	dǎ léi	71
打招呼	dǎ zhāohu	39
大概	dàgài	35
大家	dàjiā	23
大声	dàshēng	71
大衣	dàyī	59
待	dāi	19
戴	dài	39
带	dài	39
但	dàn	71
当~	dāng	11
道歉	dàoqiàn	15
得到	dédào	85
地	de	23
~得多	de duō	50
~的时候	de shíhou	55
得	děi	58
地方	dìfang	15
点菜	diǎncài	55
电扇	diànshàn	85
电梯	diàntī	27
电子邮件	diànzǐ yóujiàn	65
钓鱼	diàoyú	31
定	dìng	27
东门	dōngmén	51
动漫	dòngmàn	7
都	dōu	27
独生子女	dúshēng zǐnǚ	45
度过	dùguò	45
端午节	Duānwǔjié	71
锻炼	duànliàn	19
对	duì	23
对~感兴趣	duì~ gǎn xìngqù	45
对~来说	duì~ láishuō	82
~顿	dùn	45
~多 图	duō	19
多 图	duō	59
~多了	duōle	50

88

	E	
欸	ēi	71

	F	
发	fā	65
发现	fāxiàn	79
法律	fǎlǜ	7
繁体字	fántǐzì	47
返回	fǎnhuí	45
方便	fāngbiàn	79
放	fàng	71
放假	fàngjià	15
肥皂	féizào	65
氛围	fēnwéi	85
丰富多彩	fēngfùduōcǎi	59
风景区	fēngjǐngqū	45
复印机	fùyìnjī	55

	G	
干杯	gānbēi	23
干脆	gāncuì	71
感觉	gǎnjué	59
感冒	gǎnmào	7
感冒药	gǎnmàoyào	67
赶上	gǎnshang	85
感受	gǎnshòu	45
刚~	gāng	74
高尔夫球	gāo'ěrfūqiú	19
高水平	gāo shuǐpíng	85
更	gèng	55
公司	gōngsī	59
公寓	gōngyù	47
工资	gōngzī	35
刮风	guā fēng	71
观赏	guānshǎng	45
关系	guānxi	55
国庆节	Guóqìngjié	15
过来	guòlai	39
过去	guòqu	39

	H	
孩子	háizi	39
海边的卡夫卡	Hǎibiān de Kǎfūkǎ	31
海洋	hǎiyáng	15
韩国	Hánguó	59
汉堡包	hànbǎobāo	51
汉堡王	Hànbǎowáng	51
豪华	háohuá	65
好久不见了	hǎojiǔ bú jiàn le	19
好像~	hǎoxiàng	55
和~	hé	51
黑云	hēi yún	71
很少~	hěn shǎo	59
~后	hòu	39
湖南	Húnán	11
户口	hùkǒu	65
滑冰	huábīng	15
划船	huáchuán	45
怀抱	huáibào	45
坏话	huàihuà	75
坏了	huài le	19
还	huán	59
环境	huánjìng	23
回报	huíbào	85
回来	huílai	39
回去	huíqu	39
回信	huíxìn	39
会~	huì	10
火锅店	huǒguōdiàn	75

	J	
几乎	jīhū	23
机会	jīhuì	11
~极了	jíle	7
挤	jǐ	19
几	jǐ	31
系	jì	27
记不住	jìbuzhù	51
记得	jìde	65
计划	jìhuà	23
技巧	jìqiǎo	75
既然~,就…	jìrán~, jiù	83
既~又…	jì~yòu	15
加班	jiābān	35
假期	jiàqī	19
简单	jiǎndān	11
检票口	jiǎnpiàokǒu	67
简体字	jiǎntǐzì	47
~件	jiàn	67
见面	jiànmiàn	67
健身房	jiànshēnfáng	19
将~	jiāng	85
降	jiàng	67
交	jiāo	59
叫~…(使役)	jiào	10
叫~…(受け身)	jiào	42
街	jiē	31
接送	jiēsòng	59
节日	jiérì	65
解释	jiěshì	59
借给~(…)	jiègěi	31
介绍	jièshào	11
介绍信	jièshàoxìn	55
紧张	jǐnzhāng	55
进来	jìnlai	39
尽情	jìnqíng	65
进去	jìnqu	39
精彩	jīngcǎi	79
经常	jīngcháng	45
经济	jīngjì	7
京郊	jīngjiāo	45
精神	jīngshen	7
就(~ならば…である)	jiù	51
就(早くも)	jiù	62
就(まさに)	jiù	62
就是	jiùshì	54
就要~了	jiùyào~le	14
据说~	jùshuō	39
绝+否定形	jué	27
觉得~	juéde	19
军训	jūnxùn	31

K

开（〔花が〕咲く）		
	kāi	45
开（スイッチを入れる）		
	kāi	75
开会	kāihuì	31
开心	kāixīn	65
开学	kāixué	19
开业	kāiyè	75
看病	kànbìng	45
看见	kànjiàn	39
考	kǎo	23
烤	kǎo	45
考虑	kǎolǜ	7
考上	kǎoshang	85
考试	kǎoshì	35
可能	kěnéng	79
可是	kěshì	65
可惜	kěxī	59
可以～	kěyǐ	26
客气	kèqi	79
客人	kèren	59
肯定	kěndìng	79
控制	kòngzhì	47
口头	kǒutóu	79
口味儿	kǒuwèir	55
哭	kū	15
快～了	kuài～le	14

L

拉小提琴	lā xiǎotíqín	23
辣	là	11
老龄化	lǎolínghuà	45
离～	lí	34
离婚	líhūn	67
理发店	lǐfàdiàn	47
厉害	lìhai	11
连～都／也…		
	lián～dōu/yě	82
凉水	liángshuǐ	79
聊	liáo	45
淋湿	línshī	45
流利	liúlì	23
刘利	Liú Lì	75
流行歌曲	liúxíng gēqǔ	45
楼梯	lóutī	27
路上	lùshang	45
绿	lǜ	45
伦敦	Lúndūn	39

M

麻	má	51
麻婆豆腐	mápó dòufu	65
玛丽	Mǎlì	47
买不起	mǎibuqǐ	55
买得到	mǎidedào	51
麦当劳	Màidāngláo	51
卖光	màiguāng	39
毛巾	máojīn	65
没办法	méi bànfǎ	59
没错儿	méi cuòr	47
没事儿	méishìr	27
每次	měicì	39
美丽	měilì	45
美元	měiyuán	35
梦想	mèngxiǎng	11
迷住	mízhù	45
免费	miǎnfèi	23
面试	miànshì	75
名城	míngchéng	85
名牌	míngpái	65
末班车	mòbānchē	85
模样	múyàng	19
木桌	mùzhuō	65

N

哪能～	nǎ néng	78
那边	nàbian/nèibian	71
哪	na	15
难吃	nánchī	65
难得	nándé	35
难怪	nánguài	70
男生	nánshēng	31
闹	nào	15
呢	ne	47
腻	nì	27
鸟	niǎo	71
牛仔裤	niúzǎikù	39
浓	nóng	85
农家	nóngjiā	45
挪威的森林		
	Nuówēi de sēnlín	31
女生	nǚshēng	31

O

欧元	ōuyuán	35

P

爬	pá	27
跑步	pǎobù	67
泡温泉	pào wēnquán	7
碰到	pèngdào	71
批评	pīpíng	45
骗	piàn	45
拼命	pīnmìng	85
品尝	pǐncháng	45
平板电脑	píngbǎn diànnǎo	71
评价	píngjià	51
屏幕	píngmù	71

Q

期间	qījiān	15
期末	qīmò	35
其实	qíshí	47
起飞	qǐfēi	15
起来	qǐlai	39
气氛	qìfen	65
气温	qìwēn	67
亲戚	qīnqi	19
亲自	qīnzì	65
清楚	qīngchu	27
青岛	Qīngdǎo	15
青椒肉丝	qīngjiāo ròusī	65
清新	qīngxīn	45
请～…	qǐng	27
请客	qǐngkè	79
取号	qǔ hào	59
取消	qǔxiāo	45
缺点	quēdiǎn	47
却	què	74
确实	quèshí	71

	R		
让~…	ràng	42	
热	rè	45	
热闹	rènao	31	
认识 動	rènshi	47	
认识 図	rènshi	59	
认为~	rènwéi	47	
认真	rènzhēn	23	
日元	rìyuán	35	
容易~	róngyì	47	
如果~(的话),(就)…	rúguǒ~(dehuà),(jiù)	66	

	S		
伤害	shānghài	47	
商量	shāngliang	11	
伤心	shāngxīn	23	
上	shàng	55	
上次	shàngcì	51	
上课	shàngkè	45	
上来	shànglai	39	
上去	shàngqu	39	
身高	shēngāo	75	
什么	shénme	31	
~什么的	shénmede	63	
什么时候	shénme shíhou	31	
生词	shēngcí	51	
生气	shēngqì	47	
剩下	shèngxià	55	
石沉大海	shíchéndàhǎi	75	
实习	shíxí	59	
实习生	shíxíshēng	59	
食欲	shíyù	67	
事儿	shìr	67	
室友	shìyǒu	75	
收入	shōurù	85	
收拾	shōushi	11	
首都剧场	Shǒudū jùchǎng	35	
手艺	shǒuyì	11	
蔬菜	shūcài	45	
暑假	shǔjià	35	
树	shù	45	
水果	shuǐguǒ	31	

水煮牛肉	shuǐzhǔ niúròu	55
寺庙	sìmiào	85
塑料袋	sùliàodài	23
宿舍	sùshè	39
算了	suànle	39
虽然~,但是…	suīrán~dànshì	23
随笔	suíbǐ	31
随你	suí nǐ	79
随着~	suízhe	45
所有	suǒyǒu	85

	T	
太~	tài	15
讨厌	tǎoyàn	75
特别	tèbié	7
疼	téng	67
替~	tì	59
天安门广场	Tiān'ānmén guǎngchǎng	65
天哪	tiān na	55
天上	tiānshàng	71
天天	tiāntiān	19
甜	tián	19
填表	tiánbiǎo	59
停车费	tíngchēfèi	59
通过 動	tōngguò	59
通过 図	tōngguò	75
同事	tóngshì	11
同学	tóngxué	45
头	tóu	67
投简历	tóu jiǎnlì	75
推荐	tuījiàn	31
腿	tuǐ	51

	W	
哇	wa	15
晚	wǎn	59
万里长城	Wànlǐ Chángchéng	85
网	wǎng	47
忘	wàng	19
微波炉	wēibōlú	35
微信	Wēixìn	75

围	wéi	39
~位	wèi	71
为了~,…	wèile	22
位子	wèizi	51
温度	wēndù	55
吴	Wú	19
无拘无束	wújūwúshù	59
无论~还是…,都~	wúlùn~háishi…,dōu	30

	X	
西班牙	Xībānyá	31
洗衣店	xǐyīdiàn	47
细水长流	xìshuǐchángliú	23
下	xià	65
下次	xiàcì	39
下课	xiàkè	39
下来	xiàlai	39
下去	xiàqu	39
下下个月	xiàxiàge yuè	15
下雪	xià xuě	71
下雨	xià yǔ	71
下周	xiàzhōu	75
先	xiān	31
先~,然后…	xiān~,ránhòu	43
咸	xián	65
馅儿	xiànr	65
相信	xiāngxìn	59
详细	xiángxì	23
想法	xiǎngfa	51
想起	xiǎngqǐ	65
向	xiàng	15
像	xiàng	71
消息	xiāoxi	79
小狗	xiǎogǒu	23
小考	xiǎokǎo	19
小时候	xiǎoshíhou	11
小心	xiǎoxīn	67
新加坡	Xīnjiāpō	7
辛苦	xīnkǔ	85
行	xíng	11
行李	xíngli	79

語句索引 91

行李箱	xínglixiāng	79
醒	xǐng	79
兄弟	xiōngdì	71
需要	xūyào	23
选	xuǎn	27
选手	xuǎnshǒu	11
选修	xuǎnxiū	7

Y

牙膏	yágāo	65
牙刷	yáshuā	65
呀	ya	39
研究生	yánjiūshēng	85
严重	yánzhòng	45
演	yǎn	35
眼镜	yǎnjìng	39
眼睛	yǎnjing	47
杨	Yáng	39
要~	yào	34
要~了	yào~le	14
要么~,要么…	yàome~, yàome	58
也许	yěxǔ	67
一大早	yídàzǎo	45
一点儿	yìdiǎnr	54
一会儿	yìhuǐr	67
一~就…	yī~jiù	19
一口	yì kǒu	71
一口气	yìkǒuqì	47
一塌糊涂	yìtāhútú	23
一晚上	yì wǎnshang	79
一行	yìxíng	45
一直	yìzhí	7
意大利	Yìdàlì	47
意料之中	yìliào zhī zhōng	23
因为~	yīnwèi	7
因为~,所以…	yīnwèi~, suǒyǐ	7
音响	yīnxiǎng	71
应该~	yīnggāi	14

樱花	yīnghuā	55
影响	yǐngxiǎng	47
U盘	yōupán	79
由于~,所以…	yóuyú~, suǒyǐ	43
有空儿	yǒu kòngr	19
有时	yǒushí	85
有时候	yǒushíhou	47
有意思	yǒuyìsi	31
又~了	yòu~le	62
又~又…	yòu~yòu	62
羽毛球	yǔmáoqiú	51
预报	yùbào	67
预订	yùdìng	51
原谅	yuánliàng	85
月饼	yuèbing	65
越~越…	yuè~yuè	46
运动	yùndòng	75

Z

杂事	záshì	59
杂志	zázhì	27
再(さらに)	zài	65
再([~して]それから)	zài	67
脏	zāng	55
糟糕	zāogāo	71
早	zǎo	79
怎么办	zěnme bàn	67
怎么了	zěnme le	47
怎能~	zěn néng	78
站	zhàn	27
站不起来	zhànbuqǐlai	51
长	zhǎng	71
涨价	zhǎngjià	67
招牌菜	zhāopáicài	55
找	zhǎo	75
赵	Zhào	19
照顾	zhàogù	11
照相机	zhàoxiàngjī	39

这样(このような。このように)	zhèyàng/zhèiyàng	15
这样(こうする。このようにする)	zhèyàng/zhèiyàng	47
~着(~している)	zhe	38
~着…(~しながら…する)	zhe	38
珍珠奶茶	zhēnzhū nǎichá	79
正~	zhèng	30
正好	zhènghǎo	27
正在~	zhèngzài	30
~支	zhī	31
知	zhī	65
~只	zhī	71
知识	zhīshi	15
之所以~,是因为…	zhīsuǒyǐ~, shì yīnwèi	82
职员	zhíyuán	59
只要~,就…	zhǐyào~, jiù	26
中号	zhōnghào	79
中秋节	Zhōngqiūjié	65
终于	zhōngyú	51
~种	zhǒng	59
种类	zhǒnglèi	65
周围	zhōuwéi	51
主意	zhúyi	51
专业	zhuānyè	7
自己	zìjǐ	23
总是	zǒngshì	45
粽子	zòngzi	71
醉	zuì	27
最好~	zuìhǎo	15
~左右	zuǒyòu	35
作	zuò	79
座位	zuòwèi	27

杉野元子（慶應義塾大学教授）
黄　漢　青（成城大学非常勤講師）

イラスト：張　恢　　表紙デザイン：宇佐美佳子

大学生のための 中級中国語20回 音声DL

2019年12月19日　初版発行
2023年 3 月26日　第5刷発行

著　者　杉野元子・黄　漢　青
発行者　佐藤和幸
発行所　白　帝　社
　　　　〒171-0014　東京都豊島区池袋2-65-1
　　　　電話　03-3986-3271
　　　　FAX　03-3986-3272（営）／03-3986-8892（編）
　　　　info@hakuteisha.co.jp
　　　　http://www.hakuteisha.co.jp
組版・印刷 倉敷印刷(株)　製本 (株)ティーケー出版印刷

Printed in Japan〈検印省略〉6914　　　　ISBN978-4-86398-369-4
＊定価は表紙に表示してあります